Sven Ortoli &
Michel Eltchaninoff

PEQUENO MANUAL DE FILOSOFIA PARA SOBREVIVER A UM PAPO-CABEÇA

Sven Ortoli &
Michel Eltchaninoff

PEQUENO MANUAL DE FILOSOFIA PARA SOBREVIVER A UM PAPO-CABEÇA

TRADUÇÃO: ANDRÉ TELLES

AGIR

TÍTULO ORIGINAL:
Manuel de survie dans les dîners en ville

CAPA E PROJETO GRÁFICO:
Estúdio Insólito

COPIDESQUE:
Leny Cordeiro

REVISÃO:
Jaqueline Gutiérrez
Wanda Brant

PRODUÇÃO EDITORIAL:
Lucas Bandeira de Melo

CIP-BRASIL. CATALOGAÇÃO-NA-FONTE
SINDICATO NACIONAL DOS EDITORES DE LIVROS, RJ

O89p Ortoli, Sven, 1953-
Pequeno manual de filosofia para sobreviver a um papo-cabeça
Sven Ortoli, Michel Eltchaninoff; tradução André Telles.
Rio de Janeiro: Agir, 2008.

Tradução de: Manuel de survie dans les dîners en ville
Inclui bibliografia
ISBN 978-85-220-0903-9

1. Filosofia. I. Eltchaninoff, Michel. II. Título.

08-0320. CDD: 102
CDU: 1

RUA NOVA JERUSALÉM, 345 – BONSUCESSO
RIO DE JANEIRO – RJ – CEP: 21042-235
TEL.: (21) 3882-8200 – FAX: (21) 3882-8212/8313

MENU

PREFÁCIO

Ainda hoje os amantes das letras descobrem nos banquetes promovidos por Sócrates e seus amigos o mesmo interesse e prazer que sentiam os comensais daquela época. – Plutarco, *Conversas à mesa*

Conheci Michel Eltchaninoff e Sven Ortoli num jantar, como não podia deixar de ser. Foi em Nápoles, durante o banquete anual organizado pela Associação em Prol da Amizade entre as Filosofias Continentais e Analíticas. O local era uma (excelente) *trattoria*, quase invisível da calçada e cuja única particularidade é ser contígua à Biblioteca del Coventino, estabelecimento discreto que em nada lembra uma biblioteca, menos ainda um convento. Pelo ligeiro desapontamento em seus rostos, compreendi que se haviam enganado de porta. Sintam-se todos à vontade para ver nisso um efeito secundário do movimento browniano que caracteriza a vida dos pós-modernos ou, ao contrário, a inexorável predestinação dos Trágicos. Remeto aqueles a quem possa interessar essa problemática à minha pequena

Ontologia do acaso; o livro é velho, mas ainda o julgo bom. Cedendo à arcaica tradição, convidei aqueles desconhecidos para se juntar a nosso ágape. Reagiram impassíveis à ofensa (acho que me reconheceram), sob uma máscara que Marco Aurélio não teria renegado. Mas foi acima de tudo pelo assentimento marcado por extrema modéstia – "Não, por favor, não queremos incomodar" – que compreendi que ambos foram forjados na têmpera com que se forjam os filósofos. Desnecessário voltar às discussões apaixonadas (em especial "Logicidade e não-logicidade da axiomática") que se desenrolaram aquela noite. Basta dizer que, enquanto eu insistia para acompanhá-los até o hotel (atenção que os tocou de modo visível, uma vez que se desmancharam em protestos), o primeiro deixou escapar amavelmente que tão cedo não esqueceria aquela noite e o segundo acrescentou que haveria muito a dizer sobre determinados jantares.

Algo a acrescentar? Com efeito, a história do pensamento ocidental é marcada por refeições memoráveis: há o banquete de Platão e o de Kierkegaard, em que se come pouco mas bebe-se muito – *in vino veritas*. Há o festim de pedra, em que se vê Don Juan desafiar a estátua do Comendador para um duelo, e o banquete das Cinzas, em que Giordano Bruno expõe a teoria copernicana a seus anfitriões londrinos. Há a celebração da Ceia e a do Seder; há Voltaire, que regala seus convidados em Ferney com frases inesquecíveis e pratos idem, e, mais perto de nós, no cinema, *A comilança*, *A festa de Babette* ou *Festa de família*. Seja como for, não existe refeição grandiosa sem engendramento de uma história e, às vezes, de uma revelação. E depois tem o que chamamos corriqueiramente de "jantar-cabeça".

Podemos até achar que os mexericos dos Verdurin de hoje não chegam aos pés das réplicas afiadas de Aristófanes às diatribes de Alcibíades. Ledo engano. Em termos de banalidade ou grosseria, as libações atenienses provavelmente não ficavam nada a dever a um jantar-cabeça contemporâneo – com sua profusão de pequenos esnobismos, falsos paradoxos, maneirismos diversos e viciosos, fraudes conceituais e teorias definitivas, que tapam a nossa boca com a delicadeza de um B-52 ao despejar seu rosário de bombas. Não obstante, quando Sócrates aparecia no salão do festim, trazia consigo exatamente o oposto disso: o aguilhão da dúvida, a recusa das evidências, a imparcialidade e a contradição. Afinal de contas, qualquer um pode desempenhar esse papel, desde que não se deixe impressionar pelos sofistas de hoje, isto é, todos os que se aproveitam da filosofia ou da ciência para desferir golpes de tacape dialéticos que disfarçam (dolorosamente para o agredido) sua ausência de sinceridade intelectual.

Todavia, o objetivo deste manual não é tanto fornecer armas – caso contrário, logo nos veríamos de novo na situação do homem do tacape –, mas chaves. Qual seria o objetivo de um jantar-cabeça? Os cínicos responderão com três palavras: sexo, dinheiro e poder. Embora não raro isso seja verdade, da minha parte nunca assisti a uma melhor conjugação desses três elementos do que na época em que acompanhava *Dallas* na televisão. Mas, obviamente, omitirão o principal: o gosto pelo efêmero e pela sedução, pelo que será esquecido e pelo memorável, e, acima de tudo, pelo desejo de verdade. Nem posturas, nem imposturas, eis o segredo de uma refeição bem-sucedida. Então, jantem alegremente e, se estiverem ansiosos, meditem sobre o conselho do autor das *Viagens de Gulliver*: "A natureza dotou todos os homens da possibilidade de serem simpáticos, uma vez que não concedeu a todos o dom de brilhar em sociedade."

Marcello Yashvili-Mc Gregor Jr.,
PRÊMIO NOBEL DE FILOSOFIA (1987),
PROFESSOR CONVIDADO NO CORLEONE COLLEGE (CAMBRIDGE),
PROFESSOR ASSOCIADO À MADRASA MICHEL FOUCAULT (QOM),
TITULAR DA CADEIRA DE METAFÍSICA QUÂNTICA NO MEXICO INSTITUTE OF TRANSDISCIPLINARITY (MIT)

A CHEGADA

O ESPÍRITO DO ELEVADOR

Na maioria dos homens, nada estraga mais a conversa do que a vontade de se mostrar inteligente a todo custo. – Jonathan Swift

Enquanto aguarda o elevador que o levará até seus anfitriões, você medita a respeito de uma reflexão do rei do pop (filosófico) Slavoj Žižec: "O botão que aciona a porta dos elevadores", afirma o esloveno, "é um placebo destinado a dar a ilusão a quem o aperta de que participa do movimento do aparelho." Žižec, que você descobriu semana passada, vê nisso uma metáfora do processo político pós-moderno, no qual o voto dos cidadãos é igualmente ilusório, uma vez que estes são convocados para escolher entre candidatos que, no fundo, propõem as mesmas coisas.

Alguém atravessa a recepção (mármore, samambaias e peixinhos dourados) e se aproxima hesitante. Que azar, por cima de seu elegante terno você vestiu aquela capa velha que ninguém inveja e dentro da qual você tem o aspecto furtivo e perverso do Estripador de Chicago. Obviamente – este é um dos corolários da lei de Murphy –, a luz se apaga nesse exato momento; enquanto você tateia nervosamente em direção ao interruptor, sua mão roça a do recém-chegado, que teve a mesma idéia e se arrepende de modo muito claro, visto o ganido que emite. Aliás, a freqüência mais para o agudo desse grito indica que se trata de uma recém-chegada, o que você pode constatar uma vez aberta a porta do elevador. Ambos confusos, você regurgita as delicadezas ascensorísticas de praxe. Puxa, você pensa, e se eu lhe falasse de Žižec para deixá-la à vontade? Mas como trazê-lo à baila?

"Vai ficar em que andar?" me parece uma apresentação pragmática, mas atenção... Um apaixonante estudo sobre o comportamento nos elevadores aponta que 90% das pessoas respondem a essa pergunta se aquele que a faz estiver perto do painel de controle, percentagem que cai para 10% se o que indaga estiver do lado oposto ao painel. Assuma, então, o comando (com um sorriso meigo, não um esgar patético).

O mesmo estudo apaixonante revela que passamos em média dezesseis segundos num elevador com um desconhecido. Sem graça, você mergulha temerariamente no que os anglo-saxões denominam de "*elevator pitch*", ou seja, um discurso mais que improvisado; ocorre-lhe vagamente que a leitura de *A arte do discurso do elevador* prodigaliza quatro conselhos:

1. Jogue uma isca, isto é, uma frase suscetível de sur-

preender o interlocutor. Por exemplo: "Um eletrizante estudo indica que a probabilidade de nos depararmos com um psicopata no elevador é oito vezes maior que no metrô."

2. Calibre sua intervenção para 150 palavras (diferentes, se possível: a repetição contínua de uma ou duas sílabas pode assustar).
3. Mostre que é um passional: "Adoro o lado claustro dos elevadores, dá uma sensação de que tudo pode acontecer."
4. Conclua perguntando alguma coisa: "Gosta de filmes de terror?"

Os métodos do além-mar, no entanto, nem sempre se aplicam no Velho Continente, e você é obrigado a se adaptar. A solução é óbvia: depois de apertar o andar solicitado (o sétimo, o mesmo que o seu), acione imediatamente o botão Žižec. Essa não, você reabriu a porta e sua colega de elevador ficou tensa. Recupere-se com uma frase: "É o placebo de Žižec." Você ri de sua síntese incompreensível. A vizinha olha aterrorizada para os algarismos que desfilam lerdamente. Você se dá conta de que deve ter parecido extravagante. Para apagar essa má impressão, assim que o elevador chega ao sétimo você se mostra prestativo ao apertar o botão de abrir. Você se atrapalhou todo, a porta volta a se fechar. Ela grita.

O APERITIVO

COMO SE COMPORTAR DIANTE DE UM JORNALÓSOFO?

De todos os conselhos que lhe poderiam ser prodigalizados com vistas ao jantar, este decerto não é o mais glorioso, mas com certeza é o mais filosófico. Lembra a famosa tartaruga dos legionários romanos, método confiável quando os dardos dos arqueiros númidas (ou germanopratinos) chovem na sua cabeça. Com efeito, que fazer se, por razões análogas às que deflagram uma refrega de cães na calçada ("*Are you talking to me*?"), uma imediata e recíproca antipatia se estabelece entre você e o incontestável ornamento de um jantar representado por um "jornalósofo"? Não é fácil... a propósito, antes de qualquer coisa, é sempre recomendável saber com quem estamos lidando.

Sejamos claros: esse rótulo cobre uma gama muita vasta, que transcende a aliança *stricto sensu* do jornalista e do filósofo evocada por esse indispensável neologismo. Contudo, vamos nos contentar aqui com uma variedade parisiense e auspiciosa.

Isso quer dizer que o sujeito não é, ou não é exclusivamente, filósofo; *ad minima*, fez estudos de filosofia, recusando energicamente o rótulo de "jornalista", embora tenha pelo menos um programa de rádio, uma crônica num noticiário e artigos regulares publicados na imprensa diária regional: "A imprensa nanica é uma lufada de ar fresco, acho execrável o jacobinismo da grande mídia." Naturalmente, escreve livros e faz sucesso nas livrarias – pode-se discutir o teor, mas ele tem estilo. De vez em quando – afinal, temos que sobreviver –, promove eventos ultra-seletos, do gênero seminários de reciclagem para altos executivos de multinacionais: "De Sun Tzu a Maquiavel, uma filosofia do triunfo".

É facilmente reconhecível pelo visual. Num jantar superchique, ele aparece de gola rulê, conciliador e sem afetação, exibindo extrema simplicidade, realçada por sandálias de dar inveja aos franciscanos. Em outro, veste paletó areia e jeans cinza-escuro, camiseta branca e um lenço de seda selvagem displicentemente amarrado no pescoço, como um Lawrence de Armani, óculos de aros finos e um bronzeado que não vem do Sun Class (a sexta sessão é grátis), mas de um congresso em Erice (Sicília), caso não seja no Darfur ("Não falarei aqui sobre isso; seria indecente"). Seja como for, em ambos os casos o sujeito é capaz de esboçar para você um quadro *à la* Pollock da globalização. E não se priva disso. Um respingo de 11 de Setembro ali, uma esguichada de nanotecnologias acolá, nada escapa à sua bulimia, e, na sua boca, os conceitos mais escabrosos soam cristalinos. Pois o jornalósofo tem um talento infalível para a transversalidade dos conceitos, combinando para você a relatividade de Einstein e o cubismo de Picasso com a segurança de um cirurgião de *Jornada nas estrelas*. Ao escutá-lo, você se sente terrivelmente burro. Como se não bastasse, as mulheres demonstram interesse por ele.

Claro, prestando bem atenção, o que ele diz lhe parece tão nebuloso quanto frágil. Mas como ter certeza? Será a inveja lhe fazendo cócegas? "O sucesso nos torna simpáticos", afirmava Chamfort – o moralista, não o cantor. É possível, embora o sucesso não nos torne obrigatoriamente simpáticos com todo mundo: o olhar de crocodilo dele discerniu rapidamente os vips dos chatos, e com estes, dos quais você visivelmente faz parte, ele é econômico nos sorrisos; mas, convém dizer, o sucesso dos semelhantes pode nos tornar superantipáticos. Enquanto você faz, do modo mais honesto possível, esse exame de consciência, ele evidentemente reparou que, numa platéia amplamente submissa, sua fisionomia cética é uma declaração de guerra. Nesse caso, pior para você. Ele conhece todos os truques e lhe desfere perfidamente um sorriso de modéstia acompanhado de um "Tudo isso é contestável, óbvio, qual o seu ponto de vista?".

Sua linha de defesa será tão maleável quanto suas frases serão simples: a força do jornalósofo reside no aspecto chocante e barroco dos conceitos que ele ricocheteia. Um especialista num dos conceitos está presente? Ele passa para outro, e vice-versa. No que se refere ao vínculo entre a curvatura do espaço-tempo e *Les Demoiselles d'Avignon*, desista. A menos que, sob um pretexto falacioso, você consiga fazer uma consulta frenética no Google para demonstrar que Einstein realmente chamou de ignaro o primeiro historiador da arte que pretendeu estabelecer essa relação. Responda simplesmente que não compreendeu o raciocínio do cavalheiro, mas, por favor, não imponha a morosidade de seu espírito à agilidade da conversa.

Mais genericamente, se você não sente vontade nem energia de se bater em duelo com um charlatão profissional por motivos tão imprecisos, medite sobre Epicteto: "Se alguém te diz que és um ignorante e não sofres com isso, sabe que começas a ser filósofo. Pois não é dando capim aos pastores que as ovelhas mostram que comeram bem, mas digerindo sua alimentação do lado de dentro e fornecendo lã e leite do lado de fora." Naturalmente, seria uma boa hora para mandar esse palerma pastar. Fique com Epicteto.

DO BOM USO DA CITAÇÃO

Assim como os aperitivos, o emprego das citações exige equilíbrio e atenção incansáveis. Todos têm um pequeno arsenal cuidadosamente equipado, testado e, supõe-se, pronto a ser acionado. É mister, porém, saber utilizá-lo no momento certo. E eis que a seu lado o orador se lança num raciocínio temerário (mal-estar na cultura, choque das civilizações), que conclui acrobaticamente com uma citação de autoridade, por exemplo: "Malraux disse muito bem: o século XXI ou será religioso ou não será." Muito bem. Será recomendável corrigir? Observar que o aventureiro ministro recuou da declaração – "Nunca disse isso, pois nada sei sobre o assunto" –, sem deixar de acrescentar que excluía a possibilidade de um acontecimento espiritual "em escala planetária"? A vantagem de sua intervenção é que ela lhe permitirá identificar o astrólogo dissimulado no salão, personalidade, até então hierática, que, como minha feiticeira bem-amada, freme as narinas a cada conjunção das palavras "planeta" e "espiritual" (funciona também com "signo" e "influência").

Claro, desafiar as citações de alguém pode revelar-se perigoso: você pode passar por pedante ou agressivo. Além do mais, a conversa corre o risco de descambar para horóscopos e videntes. ("Claro que não acredito, mas de vez em quando consulto uma.") Deprimente. Por outro lado, o jogo das citações vale o sacrifício. Pois uma oportunidade de ouro – é o mínimo que se pode dizer – lhe é oferecida. Enxote Malraux, desvie a conversa para a arte da citação invocando o filósofo Walter Benjamin (pronuncie "Ben-iamin"): "As citações no meu trabalho são como salteadores na estrada, que surgem ferozmente armados e roubam a convicção do *flâneur*." O que Brecht e os surrealistas realizaram em seus domínios, Benjamin o fez em filosofia, apostando na força das colagens e alegorias para captar um mundo cada vez mais instável. A propósito, Benjamin, assim como seu amigo, o filólogo Erich Auerbach, sonhava escrever um livro inteiramente composto de excertos. Proponha aos convidados um torneiozinho de citações, e ao ataque!

> VOCÊ (*tom condescendente, moderado*): "Uma demonstração grandiosa da miserável subjetividade do homem, que faz com que seja a medida de todas as coisas, é oferecida pela astrologia, que relaciona a trajetória dos grandes corpos celestes ao miserável eu" – Schopenhauer.
>
> ASTRÓLOGO (*ofendido, mas ainda eloqüente*): "As citações

ostentam sua erudição, mas sacrificam sua originalidade" (*ibid.*).

VOCÊ (*ligeiramente irritado*): "A complacência cega engendra amigos; a verdade franca gera inimigos" – Terêncio.

ASTRÓLOGO: "Conhece-te a ti mesmo" (inscrição délfica, também passível de ser enunciada em grego para torná-la ainda mais incompreensível: *Gnoti Seauton*).

VOCÊ: "*Et tua sorore*" (anônimo latino).

A DONA DA CASA (*tentando mudar de assunto*): "Quanto mais avança a noite, mais belos os comensais" – Walter Benjamin.

O JORNALÓSOFO (*educadíssimo e sondando furtivamente o decote da vizinha*): "A mentira é um belo crepúsculo que ilumina todos os objetos" – Albert Camus.

A VIZINHA (*gelada*): "*E pericoloso sporgersi*" (diplomata lombardo assistindo à defenestração de Praga).

O DONO DA CASA (*preocupado*): "Pois, para o ignorante, o prazer propiciado por uma coisa aumenta precisamente em virtude do risco que ele deveria afastar" – Sêneca.

O JORNALÓSOFO (*sedutor*): "A arte de amar? É saber aliar a um temperamento de vampiro a discrição de uma anêmona" – Émile Cioran.

A VIZINHA (*feroz*): "Há uma estaca em teu coração nédio e escuro, e os aldeões nunca gostaram de ti" – Sylvia

Plath, poetisa americana.

O JORNALÓSOFO (*ofendido como um cafajeste*): "Isso é um tanto pequeno, jovem mulher" (inspirado em Edmond Rostand).

A VIZINHA (*com falsa compaixão*): "Não se preocupe, tamanho não é documento" (Cro-Magnon anônima e estóica ao ver o marido nu na noite de núpcias).

O DONO DA CASA (*educado, queimando o último cartucho*): "Uma refeição é insípida quando não temperada por um laivo de loucura" – Erasmo.

Não conceda o direito de concluir a ninguém a não ser a você. Cite Eric Auerbach, exilado em Istambul, que em 1937 escreve a Benjamin, refugiado em Paris: "A atual situação mundial não passa de uma astúcia da Providência para nos levar, de maneira dolorosa e cruel, à Internacional da banalidade e ao esperanto da cultura."

Algo a acrescentar?

TOCQUEVILLE TINHA RAZÃO

Ele não é desses intelectuais para quem a filosofia termina onde a vida começa, a verdadeira. Para ele, "D&G" não evoca apenas o binômio Deleuze-Guattari, mas também uma célebre grife de moda. Seu olhar não desdenha nem o barzinho, nem as séries de televisão, nem as compras de sábado no Carrefour, nem a viagem ("Umberto Eco fez a mesma coisa") à Disneylândia. "Tudo é legal" resume para ele (muito vagamente, é verdade) a epistemologia de Feyerabend, mas ele surrupiou sua formulação para aplicá-la à filosofia do cotidiano. No fundo, é um cara "antenado a tudo". A propósito, veio de ônibus. Ainda nem se sentou, já tem alguma coisa importante a dizer e interrompe sua conversa medíocre: "Tocqueville tinha razão." Acrescenta desafiadoramente: "O 39 estava lotado e me neguei a ceder lugar a uma idosa." Esse pensador político do cotidiano já prendeu a atenção de todos. Baixinho, olhar faiscante por trás dos óculos redondos de aros de metal, lembra vagamente um John Lennon diretor de cinemateca – exceto pela voz, superfina, com que agora desenvolve sua argumentação, olhos faiscantes para deixar claro que está ali para chocar: "A vida em comum está se tornando insuportável em nossas democracias. Em Paris, em matéria de transportes, a *bus attitude* é um despautério. Essas tarjas coloridas e 'simpáticas' coladas nos ônibus ditam cada um dos seus passos: 'autentique seu vale-transporte', 'dirija-se para o fim do veículo', 'sorria para o motorista', 'ceda o lugar aos mais velhos', 'evite bagagens', etc. O passageiro apenas obedece às sociáveis injunções da empresa de transportes. Aceita ser infantilizado e posto sob a tutela de um poder que lhe dita os menores gestos e zela por sua felicidade."

Não é o caso de "John", que é um rebelde, dos autênticos: "Sou tocquevilliano e assumo." Silêncio nas fileiras. Há trinta anos isso teria sido mais original, eu diria até mais corajoso; pois, no início, havia praticamente apenas Raymond Aron para dizê-lo. Depois surgiram cada vez mais adeptos. Na época em que Marx saiu um pouco de moda, a partir dos anos 1980, foi Tocqueville quem ocupou o posto de profeta. Ele previu tudo. Inclusive seu trajeto de ônibus.

E eis que ele volta a dissertar com o ardor do recém-convertido: "Após sua viagem de estudos aos Estados Unidos, em pleno século XIX, ele publica *A democracia na América*. Vê no Novo Mundo um sistema político em toda a sua pureza. Coitados dos franceses, que recebem de herança séculos de Ancien Régime e se vêem penosamente obrigados a transformá-lo em democracia! Os americanos não têm esse problema – aliás, é essa a razão pela qual Alexis de Tocqueville vê neles o nosso futuro. Um futuro esquisito, a bem da verdade: uma democracia triunfante que se transformaria em novo despotismo." Ao terminar o primeiro suco ("Álcool, nunca"), John acrescenta: "Como na *bus atittude.*" Servem-lhe outro copo imediatamente.

Um gole, e dispara: "A grande paixão democrática é efetivamente a paixão pela igualdade. O cidadão faz de tudo para que ninguém o supere no que quer que seja. Com uma condição: que ele possa desfrutar alguns modestos prazeres compensatórios." Respiração, citação do mestre: "Vejo uma multidão incontável de homens semelhantes e de igual condição girando sem descanso em torno de si mesmos para se proporcionar pequenos e vulgares prazeres com que saciam suas almas. Retirados individualmente da massa, mostram-se alheios ao destino de todos os demais." Conclui sem dar trégua: "Isolado do corpo político, o indivíduo deixa o Estado encarregar-se do menor de seus caprichos. Tendo praticamente desaprendido a falar com os outros, ele agora precisa de regras escritas que lhe ditem o comportamento." Por exemplo, ceder o lugar a uma idosa? Tocqueville tinha razão: "John" faria melhor voltando de táxi.

O ROCK TEM FUNDAMENTOS PRÉ-SOCRÁTICOS

Na hora do aperitivo, um versinho do U2 consensual vai abrir o debate. O musicólogo pirado – casaco de couro, *blue suede shoes* e mecha grisalha – faz A pergunta fundamental: "O que é o rock?" Evidentemente, se faz a pergunta, é para ele mesmo responder; portanto, não tente arriscar uma resposta. Ele pode até parecer um cara maneiro, mas mal o ouvirá, suspirando cada vez mais ruidosamente até lhe cortar bruscamente a palavra.

Em suma, ei-lo na dianteira com uma fórmula tão incendiária quanto a primeira guitarra queimada por Jimi Hendrix: "O rock tem fundamentos pré-socráticos." Convém reconhecer que isso impressiona, ainda que você situe os pré-socráticos apenas incipientemente (vieram antes de Sócrates, certo?). Em seguida, inspirando-se no escritor nova-iorquino Nick Tosches, ele afirma que é toda a simplória selvageria dos *States* que se exprime no ritmo binário do rock. Que essa música deu autênticas raízes aos Estados Unidos, agora afogados em hectolitros de sopa comercial e de *politically correct.* Por fim, que ela tem a mesma função que a filosofia em seus primórdios (do século VII ao V antes de Cristo), antes que esta fosse sepultada sob os frios raciocínios de Platão. Basicamente, sustenta que Parmênides (o poeta do ser), Heráclito (vulgo o Obscuro, porque era incompreensível), Pitágoras (que venceu todas as provas de pugilato nos jogos olímpicos antes de se dedicar à filosofia), Empédocles (que se atirou não na galera, mas no Etna) e Tales (que caiu num poço como Keith Richards de seu coqueiro), todos eles autores de grandiosas odes cômicas, interrogações a respeito do ser e exaltações "radicais", eram os Eddie Cochran e Little Richard do pensamento. "Os roqueiros", conclui, "herdaram esse fogo sagrado."

Quando houver se acalmado um pouco depois de dar uma resposta à altura a um convidado ainda mais esnobe para quem "a música parou em Bach", o *rock thinker* proporá, para concluir, um improviso antológico sobre a essência do rock: "Se o rock tem fundamentos pré-socráticos, foi porque esses *bad boys* inventaram o ritmo binário em filosofia: O ser é/ O não-ser não é/ Nunca no mesmo rio/ Duas vezes você vai por o pé." *Shake it, baby.*

MEU CACHORRO É SITUACIONISTA

Pode acontecer o seguinte: você se atrasou para o jantar. Não aquela meia hora oportuna; não, um atraso que começa a pegar mal, a não ser, claro, que você seja um vip: nesse caso (lei do Idiota), a intensidade da felicidade é proporcional ao quadrado da expectativa. Uma primeira descarga de desculpas esfarrapadas apaziguou a impaciência de seus anfitriões, mas a passagem do vestíbulo para o salão é mais tensa. Na melhor das hipóteses, os olhares que se voltam para você são indiferentes ou falsamente amistosos; na pior, são francamente reptilianos.

No silêncio que se segue à sua acomodação – uma nádega apenas – na ponta de um sofá, uma voz se ergue: "Meu cachorro é situacionista." Essa voz é a sua. Bravo, você conseguiu se aprumar. Os convidados estão com os olhos grudados em você, incluindo os dois displicentemente afundados na poltrona grande com ar de intimidade dos que fazem parte do círculo mais próximo e nem cogitam conversar com o grosseirão recém-chegado. A declaração é ousada, bombástica até; cuidado para não gaguejar.

Em primeiro lugar, mostre serenidade. Se a maioria já ouviu falar dos situacionistas, poucos sabem do que ou de quem se trata. Algo a ver com 68, é o máximo que isso lhes traz à memória. Nem mesmo os próprios eram claros. Essa não é uma razão para desistir. Comece por suprimir o sufixo, que soa careta ou acadêmico: dizemos "situs", assim como um *frequent flyer* diz "Joburg" (para o aeroporto de Joanesburgo) e "LAX" (para o de Los Angeles). Em seguida, evite gafes de iniciante e se concentre.

1. Não evoque em hipótese alguma o situacionismo. Os situs eram próximos – até mesmo oriundos – do letrismo e do movimento Cobra (que por sua vez vieram na esteira do Dadá) e reagiam contra a idéia de uma teoria revolucionária (marxista, maoísta...) objetando que apenas a *práxis* ("prática" significa a mesma coisa, mas soa horrivelmente comercial) era capaz de abalar a ordem estabelecida. Eis por que nunca houve situacionismo para eles, mas apenas situacionistas, cuja meta era provocar situações objetivas (artísticas ou arruaceiras essencialmente). Em todo caso, memorize uma ou duas peripécias. Por exemplo, lembre que um pseudodominicano subiu ao púlpito de Notre-Dame, no domingo de Páscoa de 1950, para dali anunciar a "morte de Deus" e que

escapou ao linchamento graças à polícia. Em seguida, deixe escapar displicentemente que de modo geral os situs ficaram associados a 68, com seus arroubos e ilusões, à prática da mentira na propaganda e nos quadrinhos e à teoria de sua apropriação pelo "espetaculoso-mercantil". Conclua com a participação deles na "revolução sexual", ou o que se pode chamar assim, pós-68. Frisando que nem por isso eram abertamente feministas.

2. *A sociedade do espetáculo*, livro mais famoso dos situs, de Guy Debord, NÃO É, pelo menos exclusivamente, a antevisão profética da telerrealidade e do poder da mídia, mas uma denúncia do que Marx chamava de "fetichismo da mercadoria" – quer dizer, curvar-se diante de uma mercadoria como se esta fosse dotada de valor intrínseco.
3. Conclua com a postura situacionista, que permite a qualquer um ser revolucionário. Daí um excesso de linguagem transformar-se em excesso de pensamento, na medida em que os situs abriram caminho para a idéia segundo a qual o que não passava de dandismo e originalidade, até mesmo de incivilidade, era prenhe de significação política: no fim das contas, até meu cachorro é um Lenin à revelia.

Você já tem o rascunho; agora improvise: "Descobri que meu cachorro é situacionista. Os sintomas são claros. Há anos ele vem recusando o meio-fio, só mija nesses carrões 4x4. E eis que subitamente mudou de comportamento. Agora evita estes últimos ostensivamente e percebo com clareza que espreita minha reação. Veja bem, estou convencido, e transmita isso à dona da casa, de que se o trouxesse esta noite ele teria balançado o rabo ao ver sair do Hummer de vidro fosco o boçal que estacionou na vaga de deficientes, bem na entrada do seu prédio. Vejo nessa atitude uma postura inequívoca."

Respire fundo antes de desenvolver. Aproveite para observar a platéia, atônita. Diabos, parece dividida entre a estupefação e o constrangimento... Sua anfitriã sugere afobadamente que todos passem à mesa e um dos convidados lhe lança um olhar de congelar esquimó. Enquanto você se levanta, desconcertado, uma alma caridosa lhe diz ao ouvido que aquele cavalheiro, além de tudo célebre produtor, é o feliz proprietário do monstro metálico. Invoque uma babá doente, fuja com dignidade. Volte em seu velho carrinho, cujo índice de poluição não está tão distante, infelizmente, do 4x4 do cavalheiro.

Você agiu bem ao denunciar o boçal, mas, francamente, com seus situs aqui e seus *flyers* acolá, não estaria sendo um pouco esnobe?

AS ENTRADAS

DA MASSA CRÍTICA DE UM JANTAR BEM-SUCEDIDO

O conceito de "massa crítica", como todos sabem, foi exportado com sucesso para diversos campos do conhecimento: são incontáveis as massas críticas a alcançar ou superar – pelos industriais (para justificar demissões), pelos ciclistas, *rollers* e *skaters* (para enfrentar os automóveis), pelos telepatas da consciência universal (para estimular a visita de extraterrestres) e pelos filósofos (para exprimir um ponto de não-retorno). Para não citar senão um destes últimos, assinalemos que é ao célebre Jean Baudrillard que devemos a seguinte constatação: "Fizemos a análise determinista de uma sociedade determinista. Hoje, é preciso fazer a análise indeterminista de uma sociedade indeterminista, uma sociedade fractal, aleatória, exponencial, a da massa crítica e dos fenômenos extremos, de uma sociedade integralmente dominada pela relação de incerteza." Sem insistir na validade dessa asserção, vamos nos contentar aqui em observar, com Pierre Dac, que, "quando vemos o que vemos e ouvimos o que ouvimos, temos toda a razão para pensar o que pensamos".

Eis por que a aplicação do conceito ao campo específico do jantar-cabeça supõe determinadas precauções. Nesse espírito, lembremos que a massa crítica dos físicos nucleares é a de um pedaço de matéria físsil (um balão de cinqüenta quilos de urânio 235, por exemplo), no qual os nêutrons liberados por ocasião da fissão de um núcleo atômico são bastante numerosos para que a reação em cadeia seja divergente (um nêutron libera dois, os quais liberam quatro, e assim por diante); em outras palavras, a massa crítica determina o limiar além do qual ocorre a explosão e aquém do qual a reação se interrompe por falta de combatentes.

Transposta para o jantar, a questão que se apresenta na realidade é mais a do número de convidados que a de sua massa global – trata-se naturalmente de uma simplificação heurística motivada pela eventual presença de disparidades ponderais capazes de mascarar gravemente os cálculos. Com efeito, se, como bons autores o afirmam (Marcel Bacon *et al.*, *Californian Journal of Food and Philosophy*, 257, 2007, p. 328), a massa ideal de todos os convidados reunidos gira em torno de quinhentos quilos, um cálculo simples mostra que poderíamos nos achar à mesa com dezesseis modelos anoréxicas ou três lutadores de sumô. Evitados esses escolhos, a questão permanece em aberto. Os Antigos, que tinham a tradição dos banquetes-cabeça, forneceram respostas empíricas diversas mas convergentes: o limite máximo sugerido por Ateneu, autor do banquete imaginário dos *Deiponosofistas* ("o Banquete dos sofistas"), é treze; por sinal, ele esclarece, esse número não é aceitável senão para um casamento. No conjunto, concordam com Marco Terêncio Varrão (contemporâneo de Júlio César) quanto a uma cifra superior a três e inferior a nove, o que repete graciosamente a marquesa du Deffand, anfitriã de mão cheia, numa carta a Horace Walpole: "Eu gostaria de cear sempre com cinco, seis ou sete pessoas; como dizem as Preciosas, mais que as Graças, menos que as Musas."

Em todo caso, é bem mais bonito que "massa crítica", não acha? E aqueles que preferem um conselho mais *cash*, que meditem o de Horácio: "Banquetes excessivamente concorridos cheiram a cabra..."

COMO DESCONSTRUÍ MINHA CASA

Mobiliar o silêncio é uma arte primordial que não está ao alcance do primeiro decorador que aparece. Gaguejar alguma coisa e se calar fazem de você, no melhor dos casos, um mané, no pior, um energúmeno. Se é apenas isso que tem a dizer, abstenha-se; seus anfitriões têm todo o direito de lhe dar um fora sem passar por antipáticos. Em contrapartida, ficarão agradecidos caso você participe com discernimento.

É então chegado o momento de abordar a reforma de seu três-quartos (uma vista soberba) ou daquele chalezinho com vigas de madeira de lei, resumindo, suas obras. Mas atenção. Apesar de o assunto ser de interesse geral (a mesa provavelmente se divide entre os que já fizeram obras e os que pretendem fazer), não cometa o erro de pensar que ele é intrinsecamente interessante. Não se trata, portanto, de se autorizar a chorar suas mágoas: se fizer isso, ficarão impacientes para entoar sua própria ladainha. Por conseguinte, convém enfeitá-la um pouco caso não queira ser rebaixado à patente de "mané", ou, pior ainda, ser promovido à de "exibicionista". Se podemos nos atrever a um conselho: mate dois coelhos com uma só cajadada invocando o pai da desconstrução, o filósofo francês Jacques Derrida.

Cite em primeiro lugar as palavras do Mestre: "A desconstrução é um pensamento da origem e dos limites da questão '*o que é?...*'", o que, todos hão de convir, se aplica tanto à metafísica quanto às obras de sua casa. Esclareça, em seguida, que ele especificou claramente que todo aquele que inicia uma frase com "A desconstrução é..." passa longe do alvo. Advertência genial que desconstrói antecipadamente as veleidades dos apressadinhos que se vissem tentados a definir a coisa e que, mais democrata, faz pensar naquela enunciada por Pitágoras antes de seus discursos: "Pela água que bebo, pelo ar que respiro, não vou admitir nenhuma objeção ao que vou dizer." Tudo isso tem como objetivo evitar que você se enrole no início dizendo que tudo é texto para Derrida, o qual considera um acontecimento (o 11 de Setembro) ou uma experiência cotidiana (meu gato e eu, minhas obras) análogos a um texto; em seguida, deixe claro que a desconstrução visa trazer à tona as contradições ocultas do texto para eliminar suas oposições binárias (bem/mal, masculino/feminino, cultura/natureza, memória/esquecimento) e as hierarquias que elas supõem. Por exemplo, você pode desconstruir Batman por meio do pérfido Curinga observando que um sujeito que passeia à noite numa roupa de látex remoendo lembranças mórbidas é um herói menos interessante que o *clown* psicopata e assexuado que lhe serve de adversário. Mais político, invoque (em inglês, *of course*) a famosa desconstrução do presidente Bill Clinton perante o júri do caso Monica Lewinsky. Pergunta: "A afirmação '*There is no sex of any kind*' é procedente?" Resposta: "*It depends on what the meaning of the word is.*" Impossível dizer melhor. Bom, hora de entrar no assunto.

1. Resuma a situação: um apartamento velho para reformar de ponta a ponta + um arquiteto atribulado naquele momento com outro "enorme canteiro de obras" e que sugere estar lhe prestando um favor ao cuidar de sua mixaria (mas gosta muito de ser pago em dia e não custa nenhuma mixaria) + obras atrasadíssimas + imperfeições diversas + um orçamento exorbitante. Como alternativa, o arquiteto pode sofrer de depressão e estar se divorciando; é mais caro, porém mais chique.
2. Traga à tona as oposições binárias para melhor aniquilá-las.

Comentou com sarcasmo que ele não aparece muito? O arquiteto jura o contrário: "Ontem mesmo eu estava aqui." Acontece que você passou ontem o dia inteiro coordenando um bando de eletricistas safados em plena obra e não o viu por lá. Infeliz: você estava na clássica oposição presença/ausência. O arquiteto, no caso, é uma criatura tipicamente derridiana: em seu apólogo ao zumbi, Derrida desconstrói efetivamente a célebre criatura que não é nem morta nem viva, nem masculina nem feminina, nem boa nem má (dessexualizada e sem poder de decisão). O zumbi arquiteto não está nem aqui nem acolá, nem ausente nem presente.

Por acaso você o notificou, com uma ironia rangente de porta de tumba, de que, se não falha sua memória, as obras deveriam ter sido terminadas há três meses? Nesse caso, você continua prisioneiro da tradicional distinção antes/depois. A prova: ele replica candidamente que você está esquecendo as vicissitudes de uma obra, por natureza imprevisíveis num calendário.

Finalmente, à beira de um ataque de nervos, você rugiu que as obras realizadas não foram nem realizadas nem estão prestes a se realizar? Então, rejubile-se, pois com uma fórmula dessas, pode crer, você está no caminho da redenção desconstrucionista.

Como recompensa, ao descobrir que o orçamento final foi multiplicado por dois, você terá intuitivamente captado o que Derrida chamava de "lógica do suplemento". Bem-vindo ao mundo da desconstrução.

VOCÊS, OCIDENTAIS

Nunca pronuncie a palavra "filosofia", haverá sempre alguém para se encarregar disso. Para um convidado que tiver esquecido a primeira regra de todo jantar-cabeça: as palavras devem supostamente fazer bem a quem as escuta e não a quem que as enuncia. Evite, por exemplo, "minha filosofia" ou "minha filosofia de vida". Deixe para o *businessman* a tarefa de evocar a filosofia da Airbus ou do grupo Bouygues.

A palavra é cada vez mais valorizada, e fique certo de que não lhe faltarão oportunidades para desfrutá-la. Mas qualquer um que tenha um neo-hippie nos arredores a degustará em sua receita mais enjoativa, temperada com molho *New Age*. E, justamente, Martine foi convidada: adepta dos valores autênticos, apóstola do trabalho em cooperativa e do estilo *ethnic chic*, está chegando de um mês do estágio "Descoberta do *Ramayana*", nas Cévennes, com Satya (ex-Léon, "de volta do Himalaia"). Expelindo superficialidades com uma voz meiga e um sorriso digno do buda alcançando o último degrau da verdade, ela vê filosofia em tudo. Exceto no Ocidente. Aliás, parece odiá-lo particularmente depois que você admitiu ter tentado, com dificuldade, ler o *Discurso do método*, de Descartes, jogado numa caixa de papelão desde um remotíssimo ano de faculdade.

Para Martine, o espírito da sabedoria é um vento oriental que evita a todo custo as paragens decadentes do Ocidente. Ou você não sabia que "cartesiano" era palavrão? Escute-a para se convencer: "Vocês, ocidentais, que se arrogam em senhores e proprietários da natureza, vocês só sabem dominar: a vocês mesmos, mas sobretudo aos outros e à nossa Terra. Nós, no Oriente, respeitamos o fluxo das coisas. Nossa filosofia deixa o real cantar em vez de sufocá-lo sob seus conceitos redutores e sua técnica estéril. A propósito, o real existe? Como dizia meu mestre, o real é *maya*, ilusão. Não existe senão o grande ciclo da vida e das transfigurações. As filosofias da Índia clássica não se interrogaram sobre outra coisa."

Em vez de lhe responder: "Sabe para onde o Ocidente corrupto te manda?", o que não faria senão ratificar a opinião de Martine sobre a essência belicosa do Ocidente, você tem a escolha entre a aquiescência criptobudista bem hipócrita e uma provocação do tipo: "Nunca existiu filosofia indiana. Religiões, sabedorias, pensamentos e medicinas, pode ser, mas não filosofia no sentido próprio do termo.

Falar de filosofia indiana é o mesmo que ocidentalizar uma cultura." O oposto do que ela procura, você lhe dirá delicadamente. E, para terminar, derrame-se em elogios a respeito de sua magnífica *pashmina*. Evite perguntar o preço, mas não deixe de ler a marca bem alto: Valentino. Somos sempre o ocidental de alguém.

SOU HIPERMODERNO

Ele colocou um BlackBerry último tipo ao lado do prato com um arzinho atarefado e ansioso. Manipulou-o uma ou duas vezes, cenho franzido. Então, continuou a conversar distraidamente sem parar de lançar olhares preocupados para o objeto-fetiche. Por fim, um toque esquisito, insistente mas discreto, e, manifestamente, escolhido a dedo (não, *Carmen*, não) se fez ouvir. "Só um instantinho"; "Desculpe, é importante"; "Detesto fazer isso, mas é realmente...". Realmente o quê, ninguém saberá, mas a noite continuou monótona, ritmada pelos vaivéns do sr. Vip entre a sacada e a mesa. Impossível comer em paz ou terminar uma frase. Ele, constrangido como uma vaca sagrada numa rua de Benares, parece falar com pessoas muito mais esquisitas que as da mesa. Em todo caso, ri com estardalhaço. Até agora ninguém ousou lhe dirigir a menor admoestação, mas você percebe claramente que o respeito devido a seu status de vip (ou de candidato a deputado ou de atleta de alto nível) está fazendo água.

"No fundo", você lhe diz na mais recente passagem dele, "o senhor é hipermoderno." Ele larga a engenhoca e olha para você, desconcertado, olhos esbugalhados – à primeira vista nada antipáticos e que lembram de fato as vacas de Benares –, mansamente vazios. O nada total. Com todas as letras: *atolou*; você estaria caçoando dele? É verdade que você pegou pesado. Se ninguém sabe o que é um pós-moderno, imagine um hipermoderno... Paciência, agora não há como recuar: "O senhor é o típico homem de amanhã, o protótipo da mutação antropológica que o Ocidente está em vias de viver. Sabia que recentemente essa noção vem circulando entre os antropólogos? Alguns preferem falar em 'supermodernidade', mas no fundo dá tudo na mesma. Mais que 'super', 'hipermoderno' visa destronar o venerando 'pós-moderno', há muito tempo em voga, já caduco. O pós-moderno tinha ultrapassado a modernidade. Não acreditava mais nas 'grandes narrativas' de transformação do mundo, na novidade, no progresso e nos amanhãs que ele canta. Contentava-se em jogar com as referências e os mitos, desvincular-se das solidariedades tradicionais e apostar alto no individualismo. Já o hipermoderno é diferente. Ele não ultrapassa a modernidade, exacerba-a. O indivíduo hipermoderno é 'voraz', age sempre com excesso: superconsumidor, hedonista, hiperativo, também sofre de estresse e de exigências diversas. Dessa forma, quando você está 'assoberbado', podem ocorrer fases depressivas. Sempre atribulado, hiperfragmentado pelas demandas, fluido e flexível, sem nenhum vínculo simbólico, o homem hipermoderno 'pensa com o corpo', valoriza as emoções, não busca senão a intensidade, nega sua finitude e sua mortalidade e, acima de tudo, exterioriza-se de maneira estranha na comunicação perpétua. Conectado *non-stop* com sua tribo e seus mundos favoritos, intoxicado por informações e mensagens de todo tipo, absolutamente incapaz de solidão mas cada vez mais isolado, o hipermoderno em suma só tem experiência do real através do filtro de seu telefone e de seu computador. Nesse andar da carruagem, um jantar para oito acaba sendo um jantar para cinqüenta."

Ele empalideceu. Mas seu BlackBerry volta a tocar. Ele resiste, finge não ouvir, depois amarela na sua frente e foge para a sacada a fim de atender.

O PRATO PRINCIPAL

O PARADIGMA DAS ONDAS AZUIS

O prato principal, como todos sabem, é aquele momento crucial do jantar em que as intervenções dos convidados, até aqui esparsas, entram espontaneamente no ritmo das grandes correntes do Atlântico. Cada um fala na sua vez; o tom se torna abertamente persuasivo e as frases solenes se sucedem lentas, mas com uma força contida que assinala de maneira inconteste – caso ninguém tenha reparado – que aquele raciocínio vem de longe.

Andamento ideal para desferir uma dessas certezas cuja função secundária, mas primordial, é permitir aos outros mastigar em paz: "O trabalho em cooperativa é *realmente* cooperativo?" Seja paciente, ela vai chegar; o fenômeno é tão inelutável quanto a migração anual dos gnus do Serengueti. Pronto, a graciosa palavra "paradigma" sai dos lábios do orador. Nos dias de hoje, qualquer um que queira traçar a baixo custo a linha que leva da cafeteria ("Ginette, sirva-nos dois cafés orgânicos legítimos") à Frente Zapatista de Libertação Nacional sabe que o caminho mais curto passa pelo uso desse vocábulo belo como uma velharia e tão insuportavelmente petulante quanto um jovem advogado de negócios: com efeito, já viram algo mais extraordinário do que alguém, ainda que durante um mero linguado *en croûte*, fincar seu paradigma diante do vasto oceano do Conhecimento? O risco, naturalmente, é topar com um ostrogodo que exprima em alto e bom som o que todo mundo pensa baixinho: "Calma lá, o que é um paradigma?" E, naturalmente, o ostrogodo é quem tem razão, evitando aos comensais a gafe seguinte, que consiste em opinar com entusiasmo mas sem saber, e no caso nada mesmo, do que estão falando... Mas, enfim... Que aquele que nunca passou por esses momentos de grande aflição, em que dirigimos a uma palavra totalmente absconsa o olhar desenxabido de uma vaca pastando, atire a primeira pedra.

Não em você, que decidiu intervir – com toda a delicadeza, por favor. Vamos lá, você tem várias soluções, dependendo de seu humor.

Você pode abrir uma enciclopédia qualquer: "Etimologicamente, a palavra vem do grego *paradeigma*, que significa 'exemplo', 'modelo', literalmente: 'o que se mostra ao lado de'. '*Rosa rosae*' é um paradigma gramatical, uma vez que exprime como se comportam todos os substantivos femininos da primeira declinação latina." Calma. Aplausos entusiastas daquele que não gosta de peixe.

Segunda solução: jogue no ataque. Trata-se de apontar que, 25 séculos após seu surgimento, a palavra "paradigma", que vivia feliz e reclusa, viu-se propelida através de milhares de lábios graças ao livro de Thomas Samuel Kuhn, *A estrutura das revoluções científicas*, publicado em 1962 pela Chicago University Press. Best-seller absoluto entre os livros acadêmicos com mais de um milhão dc exemplares vendidos pelo mundo. Nele, Kuhn (pronuncie "Cun" como em "Cancún") essencialmente explica que um paradigma designa o que todos os membros de uma comunidade científica aceitam por dado período: técnicas, idéias, práticas e, para resumir, tudo o que segundo eles é ou não digno do interesse científico. A ciência, afirma ele, caracteriza-se por uma série de episódios de "ciência normal" interrompida por revoluções. Seria um motim? Não, *sire*, é uma mudança de paradigma. Assim, com Copérnico por exemplo, a Terra é deslocada do centro do mundo para a periferia solar. Para Kuhn, dois paradigmas sucessivos são incomensuráveis, e conseqüentemente a ciência não é uma acumulação de conhecimentos que se aproxima cada vez mais da verdade, mas uma construção social: os cientistas criam o real, mas não desvendam a realidade. Donde a pergunta chata: em que, nesse caso, a ciência se distingue do discurso da opinião, do mito e da literatura? Se tudo estiver nos conformes, o sociólogo na ponta da mesa faz menção de rir e leva um fora do físico, que, até esse momento, permanecera tranqüilo e mudo.

Terceira solução: construa um paradigma ao vivo. Tente por exemplo as "Ondas Azuis". Celebrado pela bela canção de Voulzy (*Rockollection*, 1977) e pelo filme francês *Camping*, Ondas Azuis é o nome do camping mais popular que existe. A esse título, deixa de designar um lugar particular (Saint-Malo ou Rayan) para se tornar o emblema de um estilo de férias que faz da França o país de 10 milhões de adeptos do camping. O mar, o sol e a vegetação são ali os acessórios de uma natureza ideal, na qual todos vão encontrar, provisoriamente, sua tribo. A prova: as barracas, coisa de índio. Julga fraco meu paradigma? No camping da epistemologia (uma estrela no *Guia do excursionista* filosófico), dispomos somente do que levamos conosco. Apenas o vento é garantido.

TUDO É METAFÍSICA

É bom desconfiar da metafísica. Não faz cinco anos, sua reputação estava em baixa. Um professor de filosofia que pronunciasse essa palavra não acharia com quem se casar. Só era pronunciada para evocar sua morte, sepultada sob as pás de Nietzsche e de Heidegger. Em uma ou cem palavras, era moderno e sexy proclamar o fim da metafísica.

Hoje em dia ninguém se exibe mais arrastando seu cadáver. A metafísica tirara apenas uma pestana. Acordou feroz. Confiante num sucesso de quarenta anos, o retardatário pronunciará a fórmula mágica: "A metafísica está morta." "O quê? Eu não sabia nem que ela estava doente", replicará o engraçadinho, não obstante o incorruptível primo e amigo de infância da dona da casa. Mas, com exceção desse chiste, uma incredulidade bem-educada será a única resposta. A menos que um convidado mais pugnaz replique corajosamente: "Tudo é metafísica, desde sua maneira de trinchar o assado até a cor de sua camisa."

Você, menos a par das tendências em filosofia, até agora

pratica uma metafísica à moda de Woody Allen ("Fui reprovado no meu exame de metafísica na universidade porque copiei a alma do meu colega"), isto é, de tempos em tempos, o silêncio dos espaços infinitos o assusta, sobretudo nas noites de verão. Sob o termo "metafísica" você agrupa as interrogações fundamentais (o Universo, Deus, o Homem, a Mulher, o Anjo e a Besta) que não sente obrigatoriamente vontade de partilhar, ainda mais que talvez tivesse dificuldade para as formular com clareza.

Mas o convidado pró-metafísica parecer ter conhecimentos mais operacionais. Ele começa com um cursinho noturno: a metafísica está associada ao nome de Aristóteles; investigação que tem como objeto o que está além (meta-) da natureza (física), visa elucidar os princípios e causas mais genéricos: o infinito, a natureza ou o pensamento. É a disciplina filosófica por excelência, a que carregou o projeto racional desde a Grécia, passando pelo Oriente e o Ocidente medievos, até os Tempos Modernos, com Descartes e Leibniz. E, a despeito de tudo que seus assassinos querem impingir, nunca deixou de existir. Deu curso à sua existência na Alemanha e na Áustria, no século XIX, antes de emigrar para a Grã-Bretanha e os Estados Unidos, onde está hoje vivinha da silva. É verdade que a Europa continental ignorou arrogantemente o pensamento anglo-saxão durante décadas, mas a influência da americanização não poupa nem a filosofia. "*Metaphysics is back*", afirma o metafísico num tom guloso. O que não se dizia antes agora é alardeado: os mais encarniçados defensores da metafísica lêem bem em inglês e adoram a filosofia dita técnica. Refletem horas a fio acerca do enunciado "Se esta frase é verdadeira, logo Papai Noel existe". São simples e modestos, nada sociáveis. Preferem uma partida de *Dungeons and Dragons* a um programa-cabeça. Detestam acima de tudo a obscuridade, que julgam pretensiosa, dos antimetafísicos, Heidegger e Jacques Derrida à frente. Para os metafísicos de hoje, as grandes questões permanecem as da estrutura do real (é composto de indivíduos ou conjuntos?) e do sentido do possível (há outros mundos possíveis?). Assim David Lewis (*On the Plurity of Worlds*, 1986) reativou sem complexos a velha tese de Leibniz sobre a infinidade dos mundos possíveis, embora afirmando que todos os mundos possíveis são iguais (e não, como Leibniz, que o nosso é o melhor). Logo, há um mundo possível e existente, no qual a filosofia continental é suscetível de prisão e praticada à socapa, e outro, em que todos são obrigados a jogar *Dungeons and Dragons*. Mas esses mundos são isolados do nosso, nos diz Lewis. Felizmente a metafísica não morreu: quem melhor que ela nos restituiria, em compensação, o real tão saboroso?

ONDE ESTÁ A *GIRL NEXT DOOR*?

A *girl next door* é um conceito facilmente compreensível, contanto que dominemos a língua de *Prison Break* ou *Desperate Housewives* e a isso acrescentemos um minucioso conhecimento da cultura televisual e americana dos últimos trinta anos: trata-se do tipo de beleza, frio e uniforme a maior parte do tempo, da mulher jovem que poderia ser sua vizinha – literalmente, portanto, "a mulher do lado". Não uma beleza estonteante e espetacular *à la* Ava Gardner, nada de exotismo nem no fundo nem na forma. Roupas simples, instantaneamente sedutora, plástica de boa lavra. Em suma, na média, mas um pouquinho melhor. Isso no que se refere à essência sociocultural da questão. À guisa de *hors d'œuvre*, uma pitada de sociologuês não cai mal, porém, como prato principal, leve em conta o aspecto resolutamente filô da *girl* imaginária. "O interessante", você destacará entre duas garfadas, "não é a *girl next door* em si mesma, mas antes: por que esse conceito é tão difundido em nossa época e, secundariamente, por que a *girl next door* é tão rara no mundo real?" – a probabilidade de você estar sentado ao lado da sósia de Audrey Tatou ou de Jennifer Aniston é bem pequena. A *girl next door* é a fantasia da mediocridade ideal. Numa época em que a aspiração ao ideal é inversamente proporcional a nossa bulimia materialista, todos sonham com uma vida plena de sentido, que deixe vestígios, com a possibilidade extra da celebridade e seus corolários de praxe, riqueza e... consumo ostensivo e variado. O problema é que o mencionado ideal não está ao alcance do ocidental moderno mediano, homúnculo democrático básico que tenta conciliar sua busca de sentido com seu desejo de possuir tudo agora. Daí a fantasia de que a mediocridade se afasta demasiado da grandeza: uma moça supostamente mediana chega ao firmamento do estrelato. O estatístico belga Adolphe Quételet (1796-1874) havia mostrado isso claramente, recorrendo a estatísticas: o homem mediano não existe, é um tipo platônico, uma idéia pura. Em seu livro *Sur l'homme*, ele explica que, se a estatura média do soldado escocês é de quarenta polegadas, essa norma não corresponde a nenhum caso individual; esse "homem mediano" é, entretanto, quase mais real que os homens reais. Logo, não são apenas os radicais, as divas e os monstros que são raros; os medíocres também.

Resta compreender essa necessidade de singularidade tão arraigada. Se a *girl next door* é tão fantasiosa quanto Rita Hayworth, por que não sonhar com a segunda, nitidamente mais glamorosa? Porque a "mulher mediana" é a verdadeira musa da era democrática em vias de consumação. Não se cansam de lhe buzinar: Tocqueville tinha razão. O homem democrático não detesta nada tanto quanto a desigualdade. Entregue a sua mania de superficializar o que parece transcendê-lo, ele cria um ideal à sua medida, nem sublime nem inumano, mas ao mesmo tempo próximo e inexistente: a Mediocridade com M maiúsculo. Cada um tem os sonhos que Merece.

AS PESSOAS PRECISAM RELER CARL SCHMITT

No jogo de cena de um jantar bem-sucedido, há sempre um Vilão. O mais espantoso é que o comportamento daquele que adoramos odiar, do grande cafajeste, para resumir, é bastante apreciado. O mais rápido e abjeto ganhará a aposta. Você fala das próximas férias? Ele anuncia com fleuma que está de partida para a Coréia do Norte, um dos últimos lugares onde não corremos o risco de ser atacados a cada esquina nem de cruzar com uma parada gay. O assunto é política? Opõe-se categoricamente à independência do Kosovo e improvisa uma homenagem póstuma a Milosevic. Enquanto os convidados aguardam com fatalismo um incidente qualquer, e como se tivesse previsto isso, ele arrota com falsa displicência: "As pessoas precisam reler Carl Schmitt."

Francamente, assim já é demais. Vamos esquecer os que nunca ouviram falar de Carl Schmitt – quase toda a mesa. Mas em sua injunção desdenhosa há em primeiro lugar um "precisam" e em segundo um "reler". Calhorda! Não apenas o insulta sugerindo que você o leu, e mal, como ainda por cima deduz que você não terá coragem de se rebelar contra aquela falsa cortesia. O pior com o argumento de autoridade é que ele funciona em quase todas as circunstâncias. Magia negra do *name dropping*.

Arrastado por sua embriaguez provocadora, nosso anti-herói, de preto, naturalmente, goza a vitória fácil. "Carl Schmitt era nazista. Especialista em direito e política, antiliberal e francamente anti-semita, esteve próximo do poder alemão de 1933 a 1945. Ainda assim inocentado pelo Tribunal de Nuremberg, não pronunciará até sua morte, em 1985, uma única palavra de remorso em relação a seu envolvimento. Terá, inclusive, a audácia de publicar um pequeno tratado do guerrilheiro inspirado na Revolução Cultural chinesa. Um grande rebelde" ("como eu", subentende-se). Deixe o monstro terminar com a apologia dos anarquistas de direita.

Faça, então, uma carinha de inocente, no limite da candura (outra posição-chave de um jantar-cabeça, da qual não convém abusar sob o risco de passar por um jarro), e pergunte se não foi sobre esse Carl Schmitt que você leu um artigo superelogioso no último *Télérama*: "Parece que ele é estudado com bastante seriedade por universitários e até por pensadores de esquerda" (nesse ponto, o Vilão fica lívido).

Pois o Schmitt em questão simplesmente não apenas não engoliu a humilhante derrota da Alemanha em 1918, como a partir dela concebeu uma teoria filosófica que nada tem de muito diabólico, opondo-se de forma tenaz a uma visão puramente moral ou jurídica da política. Com o fim da Primeira Guerra Mundial, a Alemanha passou da condição de país vencido ao status de culpado, da posição de adversário político à de "malvado". Essa maneira de metamorfosear a política em direito ou moral é perigosa. Exclui, condena, julga e, no final, não faz senão estimular atitudes revanchistas, como aliás foi o caso da Alemanha do entreguerras. Carl Schmitt nos diz simplesmente que, se o direito é regido pelas noções de justo e injusto, a moral pelas de bem e mal, a estética pelas de belo e feio, a política tem suas próprias noções diretrizes: trata-se das de amigo e inimigo. A política é luta ou aliança entre corpos políticos, conflito ou conciliação, não devendo ser julgada exclusivamente pelo prisma do direito ou da moral. Restituir à política sua essência própria é acreditar na reconstrução e na reconciliação. Misturá-la com os pontos de vista jurídicos, morais, ou pior, religiosos, significa acirrar os conflitos e aumentar seu poder destruidor. Em nossa época, de indistinção generalizada entre moral, direito, economia, religião e política, que levanta as civilizações umas contra as outras, precisamos devolver seu lugar à política pura, à relação de forças que se orienta para uma resolução. "Não se assina a paz com um amigo, mas com um inimigo", conclua.

Como sinal de reconciliação, e após haver desmascarado o sinistro galã, estranho híbrido de Thierry Ardisson e Claude Allègre, estenda a mão ao adversário. Afinal, ele não era tão vilão assim. Mas precisa reler Carl Schmitt.

A SALADA

TEMOS QUE CULTIVAR NOSSO JARDIM!

É praticamente impossível não haver, ainda que em germe, diversos jardineiros entre os comensais. Jogue algumas sementes mundano-botânicas e verifique: daqui a pouco você verá a conversa desviar para a vertente clorofílica das 35 horas[1] e, *in fine*, a frasezinha deve cair, madura no ponto: "Temos que cultivar nosso jardim." Vista mentalmente suas luvas inglesas verdes e se prepare.

Que visionário aquele Voltaire! Previu a meteorologia sociocultural com três séculos de antecedência. E nossos contemporâneos se esbaldam, seguindo ao pé da letra a injunção voltairiana: cultivam seu jardim, mãos na terra, botas no esterco, o espírito sereno e os cinco sentidos em flor. Nunca uma sentença filosófica foi tão literalmente aplicada: na Europa, o século XXI emerge da terra numa apoteose da jardinagem individual; cada um cultiva seu jardim – Cândi-

1. A partir de 1998, a jornada de trabalho na França passou a ser de 35 horas semanais. (N. do E.)

do provavelmente se lixava para isso, assim como para seu primeiro ancinho.

Não mergulhe numa exegese da conclusão voltairiana. Há quem a interprete como uma filosofia da esperança, ou: como o homem, em face das injustiças e crueldades do mundo, pode melhorar sua condição por intermédio do trabalho, que "afasta de nós três grandes males: o tédio, o vício e a necessidade". Outros vêem nela sobretudo uma mensagem de resignação realista dirigida àqueles que querem compreender e transformar o mundo e que, lastimavelmente, fracassaram. Outros ainda sugerem que a conclusão de *Cândido* não é a mensagem do conto, mas a do herói, escarnecido por Voltaire, que o descreve como um bobalhão desmiolado que, no final das contas, participa à sua maneira das desigualdades e do sofrimento humano. Não, francamente, não é por aí.

Enquanto a conversa não engata, evite a ironia fácil a respeito do baile das máquinas de cortar grama aos sábados e da cultura contemporânea dos jardins (na verdade, sacadas, deques, fundos de quintal ou áreas de prédios). Desista das abissais reflexões sobre os citadinos sufocados pelo cimento, carentes de verde, prodigiosamente capazes, em virtude da escassez, de explorar qualquer metro quadrado sombreado e sair desesperadamente em busca da inalcançável beleza natural. Evite as filípicas sobre o individualismo, o isolamento e a inclinação pelo confinamento por medo do aquecimento global. Pode até ser verdade, mas, a menos que seus interlocutores estejam chegando de uma longa imersão entre os *amish*, a maioria terá uma vaga impressão de lugar-comum.

Acima de tudo, dê mostras de empatia. Grande parte dos que cultivam um jardim o faz por prazer. A vaidade – é o mínimo que se pode dizer – de quem cria plantas nunca acaba. "São todos artistas": isso também está em sintonia com a época, mas num jardim soa mais apropriado. Pois não existe lugar mais filosófico. Aliás, basta escolher, não faltam jardins na história. Acerca do de Epicuro, você poderá dizer que, nos antípodas da Academia de Platão, era aberto a todas e a todos, e que lá se ensinava a serenidade da alma e a amizade. Pode evocar também o jardim do Éden, o Cristo disfarçado de jardineiro depois da ressurreição ou a arte do jardim zen.

Fale do jardim como um espaço no qual os códigos sociais se afrouxam, a meio caminho entre humanidade e natureza – uma "natureza melhorada" como diz a Emília do *Decamerão*. Um meio-termo em que privado e o público se misturam. Um microcosmo onde irrompem situações instáveis, às vezes proibidas, propícias aos amantes, às intrigas e à iniciação. Conte como o jovem Masetto, ainda em Boccaccio, é contratado como jardineiro, supostamente mudo e idiota, de um convento; e como, graças a ele, a natureza volta a prevalecer (tudo desabrocha: as freiras, a madre superiora, as flores, as crisálidas...). Esqueça as fórmulas duvidosas do tipo "Já a terra, a terra não mente" ou as citações demagógicas do tipo conversa com meu jardineiro ou meu guarda-florestal. Roube a metáfora final de Montaigne: "Quero ação, e que se estendam os ofícios da vida o máximo possível: e que a morte me encontre plantando as minhas couves, mas a ela indiferente, e, mais ainda, ao meu jardim imperfeito."

POR ACASO A SENHORITA É *CARBON NEUTRAL*?

Há algo mais natural do que testar a consciência ecológica de seus vizinhos de mesa? "Por acaso a senhorita é *carbon neutral* [funciona também com 'meu rapaz']?", você perguntará portanto de supetão a uma convidada que seu olho tarimbado notou não usar aliança. Excelente entrada no assunto, visando, de certa forma, quebrar o gelo – vamos aproveitar, a metáfora talvez não sobreviva aos próximos trinta anos. Todavia, e para evitar qualquer mal-entendido ("O quê? O que foi que o cavalheiro disse para você, Janine? Carbono de quê?"), esclareça imediatamente que os lexicógrafos do *New American Dictionary* elegeram *carbon neutral* a expressão do ano de 2006 (a tradução, "zero carbono", é menos chique). Naturalmente, sua interlocutora vai educadamente lhe indagar o que significa essa pergunta tão cáustica. Você não esperava outra coisa. Mas tome suas precauções; claro, há poucos assuntos de interesse mais geral do que a preservação do planeta, mas há igualmente poucos com a mesma capacidade de derrubá-lo caso você não se concentre.

A princípio evite enveredar pela química do carbono. O átomo é tão fascinante quanto maleável: quatro ligações sólidas e flexíveis ao mesmo tempo, capaz de estruturar tudo que é necessário à vida, de formar cadeias complexas e se combinar com outros, em particular o hidrogênio, com uma inventividade que deixaria estupefato o autor do *Kama Sutra*. Entretanto, para as delícias de uma conversa, é um beco sem saída: na melhor das hipóteses, você vai parecer um mecânico se gabando de um 4x4 superpotente num concílio de ecologistas; na pior, será perceptível uma crispação do sorriso dela, acompanhada de uma vitrificação do olhar, indicando claramente que a abordagem entrou no modo "bateria fraca".

Ainda mais que a pergunta inicial não evoca tanto o carbono, mas o dióxido de carbono, ou seja, o CO_2, o qual é um gás de efeito estufa. Dessa vez, você está no cerne do assunto, e seu coração se regozija como o de um missionário do Sagrado Coração evangelizando seu primeiro papua em 1882. "O planeta está se transformando numa vasta estufa e tudo é uma questão de equilíbrio: um pouco de CO_2 mantém a atmosfera numa temperatura apropriada (15°C em média), sua ausência liberaria calor no espaço e faria a temperatura baixar para cerca de −18°C; em contrapartida, um excedente abundante faria os oceanos ferverem", você (cada vez mais pedagógico, você está impossível) diz: "A tendência está no limite. Eis por que alguns sabichões (a sociedade Future Forests) imaginaram, há uns dez anos, propor a seus clientes que estes se tornassem '*carbon neutral*': tratava-se de compensar toda emissão induzida de CO_2 plantando árvores. É compreensível que a idéia tenha florescido (com trocadilho); há algo de edênico nisso tudo. O problema com esse blablablá de árvores é que, no plano científico, a técnica é no mínimo duvidosa. O carbono armazenado nas árvores é frágil e ninguém é capaz de prever quando um reflorestamento destinado a absorver CO_2 irá liberá-lo. No plano político, a ladainha das incertezas não tem fim, mas a principal é a da equivalência poluição-compensação, que é, em suma, uma autorização para vomitarmos CO_2."

Você ficou satisfeito com sua demonstração e atribui o frêmito das narinas de sua interlocutora a seu extremo interesse. Inebriado com o sucesso, arroja-se citando o deplorável precedente dos papas Júlio II e Leão X, que, nos anos 1500, reciclaram um maná providencial com a venda de indulgências: o arrombamento de uma igreja? Nove ducados. Assassinato? Oito ducados (35 árvores na moeda de hoje). Um pecado futuro? Podemos ser absolvidos antecipadamente. Assim seja.

Triunfal, você conclui esclarecendo que abdicou de seu carro porque a redução do uso de combustíveis fósseis lhe parece o método mais seguro. Porém, enquanto busca nos olhos da parceira o fulgor de admiração que julga merecido, um chato do outro lado da mesa pergunta estupidamente ao objeto de seus anseios se ela continua no pós-doutorado de climatologia de Harvard.

Não precisava ter bancado o esperto. A título pessoal, teríamos recomendado que permanecesse no terreno apaixonante das metáforas. Afinal de contas, já faz alguns anos que estamos na primavera da linguagem e que sua "verdificação" (fato semântico verificado em nossos vizinhos anglo-saxões) conquistou o Velho Continente, traduzindo-se em pequenas metáforas germinantes e *high-tech* – o indefectível aquecimento global. Você poderia ter meditado sobre suas diferenças em relação às velhas metáforas, cujo sentido brotava quase automaticamente e sem esforço: um homenzinho verde? Um marciano ou o infeliz passageiro de uma embarcação em mar agitado. Um gigante verde? Milho. Veeeeerdes!? O grito de guerra de uma torcida no hipódromo de Bizâncio, a não ser que o assunto seja futebol. Infelizmente, as metáforas da verdificação abandonaram essas praias felizes para ancorar no território dos especialistas. E, digamos, isso produz um som mais metálico: *carbon footprint*, *green tech*, poço de carbono... Mas, no que lhe diz respeito, antigo ou moderno, você deve estar de porre: quebrar o gelo, em certos casos, é igual a um naufrágio.

OH, O OUTRO!

Às vezes até mesmo os filósofos cedem à facilidade. Quando estão totalmente perdidos, quando não sabem mais como imperar e se fazer ouvir, sacam suas formulazinhas mágicas. A mais "hype", nos dias de hoje, é tão simples quanto "bom-dia" ou "obrigado"; é "o Outro" ou ainda "Outrem". Nosso filósofo, que no início da noite se apresentou modestamente como fenomenólogo, não fará uso dela senão com prudência. Aliás, o fenomenólogo é por natureza um sujeito circunspecto: é o cara que sabe que, sob o mapa rodoviário, há florestas, lagos, rios, em suma, que olha para a estrada e não confia exclusivamente no GPS. Eis por que ele saberá evitar pronunciar "o Outro" com demasiada ênfase, pois, se vocalizarmos pesadamente o O maiúsculo, a palavra fica ridícula. Mas tampouco a lançará com a displicência dos que dizem "o Outro" como se falassem dos "outros", das "pessoas", do "povo" ou dos "burgueses", pois seu território é a terra escarpada da ética e não a sala de espera da banalidade social. Imporá a fórmula sem *pathos* e sem despudor.

Apresentá-la no momento oportuno é fundamental. Cedo demais, o filósofo seria tomado por laborioso charlatão. Tarde demais, quando cada um só pensa em si, ninguém irá ouvi-lo. "O Outro" casa perfeitamente com uma salada, quando já comemos o suficiente para ansiar por um pouco de transcendência. Ele pode começar afirmando: "Temos que saber respeitar a alteridade do outro" (durante uma conversa sobre assimilação dos imigrantes); "O mais bonito é encontrar o Outro" (sobre férias na Tailândia); "Precisamos sair da ditadura do Mesmo e conseguir pensar no Outro" (sobre geo-política); ou ainda: "É impossível apreender plenamente a alteridade do Outro" (sobre um caso de adultério).

Que azar, nosso herói esbarra com uma dificuldade: um beócio fanático por fenomenologia transcendental. O qual está se lixando para a inobstante respeitável alteridade do Outro e rebate num tom de gangue de rua: "Oh, o outro!" O fenomenólogo não se desarma e aceita o diálogo (o que, em linguagem filosófica, significa o monólogo): "O que é o Outro? Nada. Porque não é uma coisa." E abram alas! "Claro, podemos reificar o Outro homem, o outro eu, o *alter ego*, fazer dele um mero objeto, de prazer ou de ódio. É tão mais simples assimilar o Outro a um papel social... Mas então você reduz um sujeito humano ao cognoscível. Ora, o Outro me escapa por princípio."

Se o intrometido não responder nada, é porque está desestabilizado. O fenomenólogo pode então pronunciar o nome do grande pensador do Outro sem temor de desencadear a hilaridade geral: Levinas, prenome Emmanuel, filósofo do século XX nascido na Lituânia (daí seu sobrenome esquisito) e naturalizado francês em 1930. "Para Levinas", continua o alterófilo, "a ética não é uma seção entre outras da filosofia, mas seu eixo principal. Por quê? Porque a ética não é fruto de uma reflexão abstrata sobre os nossos atos, mas da experiência perceptiva do Outro homem, de Outrem. Quem é o Outro? É alguém que possui todas as minhas características, um outro eu, com suas percepções, seus sentimentos, seus pensamentos. Mas que todavia escapa à inspeção geral promovida pelo Outro. Na experiência mais simples, o Outro me desafia. Descrever o que se passa permite, então, descobrir tesouros éticos. O Outro apresenta-se normalmente sob o aspecto de um rosto. Esse rosto não é uma coisa a ser analisada, mas um Outro a encontrar. Claro, tenta-se freqüentemente mascarar essa indigência do rosto conferindo-lhe conteúdo. Mas o rosto é a oferenda de uma vulnerabilidade essencial. Não são as religiões que fundam a moral, mas é a percepção do rosto do Outro que decreta regras, de maneira imanente: 'O rosto é o que não podemos matar, ou pelo menos aquilo cujo sentido consiste em dizer: Não matarás', escreve Levinas."

Se o chato não pagar uma penitência depois dessa bela tirada e continuar sem compreender a beleza do Outro, só resta ao nosso filósofo consolar-se dizendo que, decididamente, os Outros são sempre os Mesmos.

O PRINCÍPIO DE POPPER É AFRODISÍACO?

Em teoria sim, mas não antecipemos. A pertinência da pergunta com certeza não escapará a duas categorias de pessoas. De um lado, as que conhecem o filósofo das ciências Karl Popper (1902-1994) e seu princípio; estas não perderão a chance de preencher uma lacuna quase certa, pois como não admitir que essa faceta afrodisíaca, embora comprovada, é uma das mais bem dissimuladas do mencionado princípio? Do outro, as que porventura não desdenham das diversas receitas, acessórios e muletas que facilitam o exibicionismo amoroso, o qual, em especial nos pavões, supõe eloqüentes evoluções.

É claro que não se trata de abordar o assunto de maneira leviana. O importante é demonstrar cientificamente a validade da afirmação – com uma preliminar, ingrata decerto, mas saudável, em que nos interrogamos sobre o que separa a caça aos quarks da pesca de mexilhões. Perfeito. A beleza da coisa salta aos olhos: o princípio de Popper (abreviadamente, PP) não quer outra coisa senão o ajudar. Sejamos explícitos, é um critério alfandegário; busca traçar uma fronteira entre astronomia e astrologia, entre aritmética e numerologia e, mais genericamente, entre o que é do âmbito da ciência e o que não é. A ambição nada tem de banal, considerando a popularidade do rótulo científico quando se trata de vender um produto anti-rugas, uma sonda de prospecção de petróleo ou um discurso político sobre o desenvolvimento sustentável.

Os que dispõem de um cientista nas proximidades ficarão tentados a lhe pedir sem rodeios que defina sua prática. Excelente idéia na falta de outra, mas infelizmente fadada, se não ao fracasso, pelo menos à obscuridade. Em primeiro lugar, porque a prática difere muito conforme a pessoa a quem você se dirige: um físico ou um arqueólogo, um biólogo ou um economista. Depois, porque muitos cientistas estão se lixando para o princípio de Popper, assim como se lixaram para seu primeiro tubo de ensaio. Por último, principalmente num jantar cordial, considerando que não raro o cientista não agüenta mais ser interpelado ("Você, que é cientista...") sobre temas variados, que vão das estatísticas sobre a presença de cupinzeiros no norte do Loire à validade dos sonhos premonitórios ("Como você explica isso?"). Quanto a ele, preferia falar de sua paixão pelos poetas elisabetanos ou o estilo Kengai no bonsai, mas pronto... alguém, às vezes até um amigo (que sabemos inclinado à traição), o intima a definir na lata o Método Científico. Então, ele se põe a emitir corajosamente rosnados abstrusos, sopa pastosa onde bóiam algumas onomatopéias: "hipótese", "modelo", "previsão", "método experimental", "observação", "verificação". Peter Medawar, prêmio Nobel de medicina, observava que argüir um cientista acerca de seu método costuma gerar uma atitude ao mesmo tempo protocolar e constrangida. Protocolar, porque o dito cientista se sente obrigado a dar uma resposta; constrangida, porque no fundo ele se pergunta como camuflar o fato de não ter opinião alguma sobre o assunto.

Ainda assim ele consegue uma resposta clara e sem erros, pelo menos não estimulando a réplica. Nesse caso, ela se sustenta numa única palavra: *falsifiability*, ou seja, traduzindo, "refutabilidade".

E recaímos no vienense Karl Popper. Ah, a Viena dos anos 1930, sua decadência, suas valsas, suas tortas Sacher, seu Círculo de Epistemólogos e seu famoso princípio: "É científico o que é refutável!" Foi essa a idéia que lhe ocorreu após ter assistido a uma conferência de Albert Einstein sobre a relatividade, um ano antes que ela fosse confirmada durante o eclipse solar de 1919. Saiu dali convencido de que a teoria do físico era superestimada, uma vez que uma observação contrária bastava para reduzi-la a pó. É, diz Popper, o que a distingue de pseudociências como a psicanálise ou o marxismo.

Einstein, escreve ele em resumo, faz uma previsão e assume o risco de ver sua teoria refutada pela observação. Donde o princípio que o filósofo irá elaborar nos anos vindouros: conjecturas e refutações são as duas tetas da ciência.

Para chegar aí, Popper teve primeiro que remover o obsoleto método dito da indução. Que faria um indutivista ingênuo, isto é, quase todo mundo? Observação, hipótese, confirmação: eis o esquema. Por exemplo: "Uma noite observei Bagulho (que é feio de doer) explicar à Coisa (que é bela, bela, bela como o dia) o princípio de Popper. Foram embora de braços dados. Logo, deduzo que o PP seja afrodisíaco (não vejo outra hipótese válida)." Para Popper, esse método é intrinsecamente ruim: não é porque funciona uma vez, e, quem sabe, por razões que nada têm a ver com o PP, que funcionará todas as vezes; fácil demais. Esse não é o critério correto, declara Popper: se o sucesso de um teste não implica a validação de uma hipótese, em contrapartida um teste malsucedido acarreta sua refutação.

Vamos ser mais claros: se, uma noite na casa de X (evite as *raves*, em que parece que os popperianos são muito numerosos), você se atrapalhar todo explicando o PP, a teoria será refutada, sua conjectura, invalidada, mas – é um consolo – ela era científica. Se não se atrapalhar, isso não quer dizer nada, tente de novo. É uma questão de princípio.

QUANTO MAIS TRANSGRIDO, MAIS APRECIO A ORDEM

É a pausa para o cigarro. Atenção: você pode se ver acuado(a) na sacada por um dândi filosofante. Olhar taciturno, voz cansada, vestido com apuro, alguém que viveu e que gosta de discorrer sobre isso. Ele começa inesperadamente: "Há três anos eu fumava à mesa. Ainda era um cara de 68 (*tom irônico*). Hoje, sou um anarco-reacionário (*tom irônico*)." Você logo percebe que ele não vai tentar o rasgo do fumante perseguido, com seu quinhão de pesada cumplicidade de vítima do sistema e outras lamúrias. O galã rebelde escolheu a tática inversa: anuncia com orgulho que é totalmente a favor da proibição do fumo nos lugares públicos, bem como de todas as proibições em geral. "O apóstolo Paulo tem razão quando escreve, em sua epístola aos romanos, que só conhecemos o pecado por meio da lei. Aliás, sem proibição, não há transgressão. Sem tabu, o fruto proibido não seduz. A carne é triste, ai de nós, quando podemos saboreá-la sem obstáculos. É o que me leva a achar a Inglaterra vitoriana, com seus espartilhos e sua rigorosa moralidade, francamente mais erótica que a tediosa libertinagem atual, que, inclusive, criou uma sinistra obrigação de gozar. Sou da velha guarda, adoro as proibições. Como Georges Bataille, esse grande escritor e filósofo do século XX, associo a mística ao erotismo, a religião ao prazer culpado, o tabu à sua violação. Sou um anarquista especial, que precisa estabelecer um limite para ter mais prazer em transpô-lo. Assim como Sade, que, embora afirmando seu ateísmo radical, se regozijava em afirmar a existência de Deus para ter o prazer de blasfemar, gosto da ordem para negá-la com mais veemência."

Para terminar, evoca poeticamente o cigarro proibido, aquele que tanto prazer nos proporciona quando aceso na plataforma da estação, por ocasião de uma despedida. É o momento de mandá-lo passear e pensar seriamente em parar de fumar.

OS QUEIJOS

VOCÊ CONHECE UM *BOM* ONTOLOGISTA?

Há palavras que soam como o sininho do coroinha no momento da elevação da hóstia: a platéia inclina-se mentalmente, mas com devoção, com exceção de gênios pernósticos que têm o pescoço duro de tanto impedi-lo de se inclinar. A palavra "ontologia" pertence a essa espécie que às vezes encontramos na hora dos queijos. Ela aparece como Raquel Welch – vestido de pele de mamute, rasgado, muito simplezinho – em meio aos dinossauros do filme *Mil séculos antes de Cristo*: improvável mas quase tão sexy. Daí a pergunta que angustia uma parcela da mesa, embora permaneça prudentemente não verbalizada: o que esconde essa palavra?

Às vezes, não muito mais que um pouco de pedantismo que perdoaremos de bom grado, principalmente caso se trate do seu. Contudo, se não sabemos do que estão falando, podemos pelo menos tentar saber do que não estão falando.

Uma das interessantes particularidades da palavra "ontologia" se deve ao fato de seu adjetivo derivado parecer tão transparente quanto ela própria é opaca. Faça o teste: se você disser "Meu mecânico me rouba, é ontológico", todo mundo entende (funciona também com bombeiros e eletricistas). Se tentar algo mais ambicioso: "A ontologia do mecânico é tão impressionante que uma de suas propriedades é o roubo", vai ficar confuso – e, não obstante, muito mais filosófico.

Seu vizinho de mesa, filósofo por natureza e heideggeriano por acidente, talvez venha a grunhir (o camelo blatera, a cegonha glotera e o filósofo, como o javali, grunhe, isso é ponto pacífico) que, de maneira geral, uma ontologia busca responder à pergunta: "O que é isso?" Entenda ao pé da letra: aplicar uma ontologia, por exemplo, à bandeja de queijos suporia "descrever" o que lhe é específico não em termos sociológicos ou psicológicos, mas refletindo sobre o que é sua natureza. Assim, a essência do queijo *gruyère* não reside nem na pré-alpinidade, nem na polêmica político-comercial entre a França e a Suíça (em 1935, Bernard de Gottrau, em sua súmula intitulada *Do direito às indicações de proveniência e sobretudo à denominação "gruyère"*, afirmava que "a tese francesa segundo a qual a denominação '*gruyère*' seria de origem francesa é, comprovadamente, insustentável"), nem em sua função no seio de um *fondue*. A essência do *gruyère* reside no fato de ser ameaçado, em seu interior, por uma nadificação, isto é, pelos buracos. Como explicava um admirador dos silogismos tortuosos: "Quanto mais *gruyère*, mais buracos; quanto mais buracos, menos *gruyère*; portanto, quanto mais *gruyère*, menos *gruyère*." O modo de ser do *vacherin* não deve ser definido por um local de origem, mas por um modo de ser em perpétua liquefação, o viscoso, que torna difícil a divisão desse queijo em partes com fronteiras definidas. Logo, é um objeto excessivamente delicado para a mereologia, seção formal da ontologia especializada no estudo do todo e das partes. Por outro lado, não deixa de ser uma coisa simples, uma vez que dispomos, na bandeja, o conjunto bem delimitado e cingido por um cipreste de um *vacherin* inteiro, o que não é o caso para o pedaço de *comté*, retirado de um imenso molde que esmagaria a mesa, e do qual consumimos portanto apenas partes das partes... Quanto ao *camembert*, não deve ser apreendido a partir da Normandia ou de sua associação com o *gros rouge*, sua camemberitude devendo ser deduzida da relação entre seu coração e sua massa em meio a fronteiras fixas de crostas. Resta definir o conjunto dessas essências particulares: será que formam uma queijeidade ou devem permanecer irredutivelmente autônomas?

Parabéns! Agora que você ressuscitou a famosa polêmica antiga e medieval acerca dos universais, faça circular a bandeja de queijos. Graças a seus esforços, todos entenderam o que é uma ontologia. Enfim, quase todos. Se porventura, antes do fim do jantar, um convidado vier discretamente lhe perguntar se você conhece um *bom* ontologista, não fique desolado; hoje em dia isso é na maioria dos casos curável.

IN VINO VERITAS

Pronto, a frase foi dita. Por você ou outro qualquer (seja educado: ceda a vez a alguém), pouco importa quem a deixou escapar. Uma vez pronunciada, pertence a todos: é um lugar-comum, baliza corriqueira de toda regata verbal. Observemos com atenção que a mencionada baliza é praticamente de regra numa festa de casamento, naquele momento já tradicional em que podemos assistir, às vezes bastante constrangidos, à descrição de cada um dos recém-casados por suas testemunhas, amigos e íntimos; com fotos para comprovar ("E essa, de pierrô quando ele tinha cinco anos, na época as irmãs mais velhas o fantasiavam de menina, rá, rá"), entre as quais uma em que o noivo, copo na mão, se acha numa situação ridícula, ou licenciosa, ou ligeiramente degradante, ou as três ao mesmo tempo. O conjunto, delicadamente legendado "*In vino veritas*", versão latina chique do provérbio "enquanto o vinho desce, as palavras sobem".

Aliás, isso é pura verdade. Qualquer um que saia para um programa sábado à noite pelas ruas do SoHo ou pela

Plaza del Dos de Mayo em Madri pode constatar que os ingleses recorrem ao *binge drinking*, e os espanhóis, a *el botellón*: velhos beberrões e jovens de porre rolando pelas calçadas antes de desmoronarem num asfalto por sorte amaciado pelos vômitos. A verdade que está no vinho não é obrigatoriamente a moça bonita saindo do poço, mas com muito mais freqüência um neandertal ou sua companheira se extirpando de sua caverna aos arrotos.

Desnecessário, todavia, contaminar o ambiente descrevendo minuciosamente essa face do nosso Janus vinícola. Parta para uma estratégia banquete platônico, assim poderá se exprimir com a desenvoltura autorizada por uma sólida experiência da bebida. A não ser que você faça o tipo nietzschiano, que detesta vinho ("Na minha casa, o espírito paira acima das águas"); mas, convenhamos, *in aqua veritas*, a coisa não funciona tão bem...

Lembre-se então de que, durante um *symposion* na Atenas de Platão, a idéia era beber um volume tal que os convidados (homens e aristocratas) não só ficassem alegres, como agilizassem os neurônios para a conversa, a poesia e o canto, sem contar as diversas atividades sensuais posteriores. Esclareça, para os amantes do cálculo, que a quantidade de vinho (por convidado) consumida ao longo de uma dessas noitadas podia alcançar um nível de álcool equivalente a um litro ou um litro e meio de cerveja, pois era quebrada com água em cinqüenta por cento ou dois terços. A propósito, para chamar os convivas às suas responsabilidades, suas taças eram às vezes ilustradas, na face interna, com cenas de vômito que se revelavam aos bebedores quando se esvaziavam (sim, como a *pin-up* se revelando no fundo das ânforas de um restaurante chinês).

Conclua sobre a essência do banquete, a saber, o amor, a beleza ou um assunto afim, que será abordado com a exigência de verdade que caracteriza a filosofia. O amor ao vinho decerto não destoará dessa paisagem. Mas não faça como esses *sommeliers* de salão que incham como odres quando entoam um peã em homenagem ao *cru* que se encontra sobre a mesa, ou, pior, que não se encontra. Arrasam com os *bordeaux* – "estão numa curva descendente" – para melhor gabar vinhos vagabundos inverossímeis com um lirismo sentimentalóide (e colinas com vinhedos banhados pelo sol aqui, e pitadas de framboesas, especiarias ou violetas acolá...). Não existe nada mais chato que o pedantismo vinagreiro, e, se é para ficar um pouco bêbado, "mais vale dar um passo em falso com os pés do que com a língua", como sentencia Diógenes Laércio.

A SOBREMESA

PRECISAMOS REENCANTAR O MUNDO

Semblante atento e cenho franzido, o homem de gravata-borboleta está silencioso. Raros monossílabos; suspiros e resmungos, se tanto. Mas há alguma coisa em seu semblante que gostaria de expressar – como dizer? –, uma espécie de sofrimento. Na verdade, ele está indócil desde o início do jantar. E eis que um irresponsável julgou propício queixar-se dos manuais (seis línguas, caracteres minúsculos, explicações falsamente esclarecedoras, desenhos que exigem a colaboração de um assiriólogo) das últimas maravilhas do *high-tech*. Está se escangalhando de rir, o desgraçado, e, shazam, o Gravata-Borboleta intervém intempestivamente, enunciando com tristeza: "O senhor tem razão: precisamos reencantar o mundo" – em seguida se cala. Os presentes prendem a respiração e esperam a seqüência. Nada.

Você represa um pouco caridoso "Mas ele fala!" e decide, num espírito de concórdia que o dignifica, dedicar-se ao que é sem sombra de dúvida a torta de creme do dia. Uma torta que tem o sabor da afirmação consensual e esclarecida, renovando a gama lexical sempre sedutora do encantamento e do desencantamento. Aproveite, ainda está fresca, mas não por muito tempo: o filósofo Bernard Stiegler e o sociólogo Michel Maffesoli já publicaram sob essa bandeira; a Associação Comercial fez disso tema de um curso de férias. É preciso correr para saboreá-la.

Primeira garfada: o mundo foi encantado. As primeiras civilizações acreditavam na magia. Recorriam às potestades irracionais. O mundo era regido por forças atuantes, deuses, relâmpagos misteriosos e trevas. Os sacerdotes, feiticeiros, xamãs e outros videntes faziam o papel de telégrafos entre os deuses e os humanos. Mundo mágico, poético, mitológico, e super-romântico!

– O senhor quer dizer que o maravilhoso não existe mais? – pergunta você com candura.

– É mais complicado que isso – responde ele soturnamente.

Segunda garfada: o mundo foi desencantado. Esse processo, denominado *Entzauberung* pelo sociólogo Max Weber, e revisitado pelo filósofo francês Marcel Gauchet, começou há muito tempo. Assim que os fiéis rechaçaram a magia, qualificada de superstição, o desencantamento adveio. No início, os profetas judeus abalaram o poder dos sacerdotes ao estabelecer uma relação pessoal com o Todo-Poderoso.

A magia não era mais um técnica de salvação. Em seguida, o movimento ganhou impulso inexorável com o protestantismo, no século XVI, que pôs por terra todos os sacramentos tradicionais, manifestações sacralizadas do divino. Assim, passou a prevalecer, sobretudo no calvinismo, a relação individual e solitária com Deus. Ninguém precisava mais de padre para absolver, para promover a redenção e a esperança de misericórdia. Essa atitude espiritual estendeu-se a todo o universo humano. Max Weber mostrou que ela alimentou o espírito do capitalismo e fez progredir o racionalismo no mundo moderno.

Na realidade, na cabeça de Marcel Gauchet, a história toda do mundo é a de um desencantamento, de uma saída da magia. O cristianismo serviu apenas como peneira. Religião menos sagrada, mais doce e mais humana, ela teria desembocado, a partir do século XVIII, numa moral sem Deus, nova religião dos direitos humanos identificada com a construção do ideal democrático. Tudo está ligado: secularização e espírito democrático, economia capitalista e racionalização do real. O homem, a sós consigo mesmo, precisava apenas se virar, construir, sem padres, príncipes ou magos, seu próprio futuro. Tarefa pesada.

– Temos então que voltar à religião?

– É mais complicado que isso.

Daí uma terceira garfada de torta de creme: precisamos reencantar o mundo, polvilhar nele um pouco de magia. O indivíduo contemporâneo chegou ao fim de sua autonomia. Por acreditar apenas em suas próprias forças, destruiu seu planeta e não suporta mais seus semelhantes. Sente saudade das religiões, que o ajudam a pensar e a viver. Quer se volte para o budismo, a jardinagem, a leitura de Paulo Coelho ou do *Código Da Vinci*, ele exprime uma necessidade de reencantamento. Trata-se de reencantar o mundo sem voltar à superstição ou ao mero fanatismo.

– Mas então você prefere a *New Age* ou a (re)conversão?

– É mais complicado que isso.

Como ensinava Lewis Carrol, o que dizemos três vezes é verdade. Desce a cortina.

NÃO COMO SOBREMESA, SOU EPICURISTA

Você naturalmente notou quc seu vizinho de mesa faz dieta, embora se negue a admitir. Direito dele – que se vê obrigado a inventar as mais acrobáticas razões para recusar, sem ficar nervoso, a insistente solicitude da dona da casa, cuja origem georgiana a dignifica e explica sua mania de querer encher qualquer prato vazio pela metade.

Vamos ao drama da sobremesa. Após ter invocado o colesterol para evitar o queijo, o xivaísmo para a carne e as origens judaicas para sua aversão aos defumados, agora a missão dele é contornar o morangal que está em vias de gotejar de autêntico creme de leite fresco.

Mas ele é letrado e saca sua arma secreta: "Não como sobremesa, sou epicurista. Um autêntico epicurista é tudo menos um glutão, ao contrário do que a tradição cristã tentou propagar. Naturalmente, o critério decisivo do Bem, para Epicuro, é o prazer. O que faz bem é o Bem, e vice-versa. Sem complexos, o filósofo grego afirmava que 'o princípio e raiz de todo bem é o prazer do estômago'. Livremo-nos do temor dos deuses, da morte, da dor, e vivamos felizes com o que nos proporciona prazer."

Nesse momento da demonstração, os semblantes se desanuviam e os garfos trabalham.

"O universo é composto apenas de átomos e vazio", prossegue ele, "nenhum deus intervém neste mundo para nos recompensar ou castigar. A morte não é nada. A norma do Bem é meramente material. Nem mais nem menos. Se não como sobremesa, é porque tudo é matéria e porque sei administrar meus prazeres. Epicuro, que recebia em seu Jardim mulheres, escravas e prostitutas, nada tinha do líder de seita aproveitador, depravado e comilão. Fornecia o método da felicidade em uma hora e meia. Mas sua concepção do mundo proibia-lhe todo excesso orgiástico. Ele próprio, nos grandes dias festivos, se saciava com um naco de queijo de cabra e uma taça de vinho. Nada a ver com as 'sestas idiotas' dos novos pensadores hedonistas ou com a vitrine do açougue obtusamente batizado de 'O Epicurista' pelo ignorante dono. Pois o epicurista ama tanto o prazer que faz questão de não o estragar. Procura organizá-lo, encená-lo. É simples: a ataraxia é a ausência de perturbação, fruto de um perfeito equilíbrio fisiológico. Que é a fome? Uma carência de átomos em seu corpo, que precisa ser abastecido. É um desejo natural e necessário à vida. Mas cuidado para não se empanzinar, isto é, para não criar um novo desequilíbrio gerador de sofrimento. O prazer é pura compensação. É a mesma coisa para todos os desejos. Pegue a libido: ela consiste, segundo Epicuro, num excesso de átomos em seu organismo. O equilíbrio deve ser restabelecido pelo ato amoroso e, na impossibilidade deste, por uma atividade que produza um escoamento de átomos, como uma longa caminhada ou um trabalho estafante. O epicurismo é a busca dietética da estabilidade, sinônimo de felicidade. Os imoderados não conseguem refrear seus desejos naturais nem mesmo inventando novos, totalmente vãos, como a ambição, a paixão amorosa ou a avidez pela riqueza. Estes nunca alcançarão a ataraxia."

Epicurismo: nova dieta magreza/felicidade.

ESPINOSA, NOSSO CONTEMPORÂNEO

Há casais assim. Nem têm "união estável" nem são casados, duas crianças, estão juntos há quase sete anos. Mas funcionam na base do dardo assassino. O que mais gostam na vida é se desferir humilhações cruéis em público, fingindo dirigir-se a outros convidados, cada vez mais constrangidos. Seu companheiro evoca fervorosamente a recente exposição sobre os simbolistas decadentes, ela esclarece que ele a percorreu em quinze minutos contados no relógio e suspirando o tempo todo porque estava perdendo a Roland-Garros. Ele replica com uma delicadeza feroz que, quando a conheceu, ela tendia mais para a decadência que para o simbolismo. Felizmente, alguém decidiu debelar o incêndio desviando a conversa e sacando o punhal secreto: o Conciliador. Um substantivo que simboliza o amor universal, a felicidade partilhada, a paz dos bravos e dos lares. Se há um grande nome a ser citado para satisfazer a todos, é efetivamente o do novo ídolo dos jantares-cabeça, Baruch Espinosa. É verdade que o pensador do século XVII tem tudo do genro ideal: apátrida e rebelde, ateu, mestiço anterior à moda étnica, democrata antes de todo mundo. Espinosa é o grande sedutor da filosofia. "De origem portuguesa, de uma família judia que emigrou para as Províncias Unidas [futura Holanda]. Mas execrado pela comunidade, excomungado da Sinagoga pelas opiniões no mínimo heterodoxas." É quase exageradamente belo: um rebelde, um autêntico, sozinho contra todos. Não viram nada: "Um verdadeiro democrata, um crítico veemente de qualquer forma de terror, inclusive a que promete ordem e paz. Um feroz inimigo dos teólogos e dos supersticiosos, que continuam a impingir ao povo que um furacão é um castigo divino e não a conseqüência de causas cientificamente determináveis. Um filósofo escorraçado, que prefere ganhar a vida polindo lentes ópticas a professar a filosofia oficial na universidade. Perseguido, obrigado a se esconder, com as obras censuradas, mas atuante, acerbo, abertamente provocador. Condenado pelas Igrejas, terror de todos os déspotas. Nosso contemporâneo. Sua obra mais importante, póstuma, intitula-se simplesmente *Ética*. Mas trata-se de um curioso tratado de moral. Adepto da renovação científica da época, escreveu a obra à maneira de um tratado de geometria; na realidade, é uma simples obra de metafísica que desemboca numa lição de vida."

A dissertação assume um tom mais íntimo: "Gosto de abrir uma página ao acaso e meditar sobre uma proposição do gênero 'toda substância é necessariamente infinita' ou reler os apêndices e escólios [espécie de comentários], em que o autor imprime um estilo mais concreto a seu pensamento. Sua visão de Deus, que já deixou para trás a das religiões reveladas, e sobretudo a dos monoteísmos. O Deus de Espinosa não é pessoal, nem criador, nem senhor dos destinos humanos. É grande demais para ministrar, como um juiz de paz, castigos e recompensas, para decretar o Bem e o Mal. Espinosa, aliás, foi um dos primeiros a proceder a uma exegese racional e crítica da Bíblia. A visão do Homem é radicalmente transformada por ela. A alma não se distingue mais do corpo nem é elevada ao status de instância moral e espiritual independente, não passando de uma modificação do corpo."

Depois de elogiar a modernidade dessa apologia do corpo e para mostrar claramente que essa ética não é pudica, nosso filósofo deixa escapar uma das citações mais na moda de seu autor favorito: "Ninguém sabe o que pode um corpo." Mas não nos esqueçamos da ética. Após ter demonstrado que o Mal não é uma categoria válida, que é preferível ir em direção ao Bem a ser obcecado pelo erro e pelo pecado, que "a sabedoria é uma meditação não sobre a morte, mas sobre a vida", ele prepara a apoteose. Pois a *Ética* se encerra com uma apologia da alegria e da beatitude, a melhor das atitudes morais. A boa conduta e a virtude não são mais normas impostas pelo mundo exterior, um trabalho penoso que aposta numa salvação nunca garantida, mas a conseqüência de uma boa disposição do complexo corpo/alma, conjunto que a razão pode e deve reformar. Somos morais não mais para obedecer a Deus, conformar-se a uma regra ou fazer como todo mundo, segundo Espinosa, mas porque temos VONTADE e isso nos deixa FELIZES.

O casal fugiu e se escondeu na cozinha. Pelo menos Espinosa serve para alguma coisa.

NINGUÉM NASCE MULHER, TORNA-SE UMA

Se acha que o jantar está muito "devagar", se aprecia os assuntos picantes, se, em suma, deseja viver pessoalmente o famoso desenho de Caran d'Ache sobre o caso Dreyfus, "Eles falaram disso...", em que vemos uma refeição familiar transformada em pugilato, então é hora de abordar a questão do gênero e a validade da clássica oposição masculino/feminino. Fatalmente, alguém, muito sério, citará Simone (de Beauvoir): "Ninguém nasce mulher, torna-se uma."

Não levante os olhos para os céus. Nem os abaixe. Comece *allegro, ma non tropo*, voltando ao contexto do ano de 1949, que assiste à publicação de *O segundo sexo*. As francesas só podem votar há cinco anos, a pílula não existe, tampouco os absorventes internos ou a lava-louças. Embora ainda não se fale do "telhado de vidro" (barreira invisível mas bem tangível que obsta o acesso das mulheres aos cargos de decisão), o caminho traçado por Olympe de Gouges e Mary Wollstonecraft no fim do século XVII e recém-desbravado pelas primeiras *suffragettes*, o caminho da emancipação feminina, está longe de ser asfaltado. "Ninguém nasce mulher, torna-se uma. Nenhum destino biológico, psíquico ou econômico define a figura de que se reveste a fêmea humana no seio da sociedade; é o conjunto da civilização que explora esse produto intermediário entre o macho e o castrado que qualificamos de feminino."

"A influência da educação e da sociedade é imensa aqui. [...] A mulher nunca teve sua chance", escreve a mesma Simone de Beauvoir.

Até aqui, nada de surpreendente, pelo menos para muitas mulheres (e homens) do século XXI, mas é hora de passar a marcha. Comportada, poeirenta, a frase de Beauvoir ainda identifica excessivamente a Mulher a uma essência imutável, até mesmo forjada. É hora de soltar uma bomba: cite (resumidamente) Judith Butler: "É o gênero que faz o sexo." Para a filósofa americana, a Mulher não existe, aliás tampouco o feminismo, pois a construção puramente social do gênero, longe de se opor a uma natureza irredutível do sexo, torna este último igualmente cultural e ficcional: "O gênero não está para a cultura como o sexo para a natureza." Claro, tivemos que esperar o desenvolvimento dos *gay and lesbian* (chamados *queer* nos dias de hoje) *studies* para alcançar esse gênero de desconstrução radical. E, se os transexuais, transgêneros, bissexuais, travestis, *drag-queens* confundem alegremente a polaridade hierárquica Homem/Mulher, não deixa de ser para nos tirar da heteronormatividade ambiente; para dizer às mulheres que elas decerto não nascem mulheres, mas que tampouco se transformam obrigatoriamente em uma. Judith Butler, criadora da formulação, afirma o seguinte em *Problemas de gênero*: "Freqüentei a vida noturna dos bares, foi assim que conheci todo tipo de gente e de gêneros." E, finalmente, também de sexos.

Tome fôlego. Sinta à sua volta um ou dois olhares de avaliação sugerindo placidamente que ao menos levou algumas pessoas a se indagar de que gênero você é.

Agora que você semeou a confusão, talvez seja hora de dar uma guinada tradicionalista, como digno herdeiro do falocentrismo judaico-cristão. Em todo caso, se não for você, haverá certamente um homem dominador ou uma mulher alienada na servidão voluntária para perguntar bem alto se é preciso renegar a natureza; para clamar que nascer menino ou menina não tem nada a ver com política, e sim com cromossomos. Visto o acirramento da discussão, parta para o tudo ou nada empírico: descubra entre os presentes o pai de pelo menos duas crianças de sexo diferente e solicite sua opinião. Ele provavelmente responderá que, no que se refere à sua própria prole, a questão foi entendida, e o truísmo, comprovado:

os bebês-meninas se comportam como garotinhas (espantosamente cedo), e os bebês-meninos, como garotinhos.

Shocking! Onde você se perdeu? Havia começado tão bem... A razão teria desertado de seu espírito embaçado pelos eflúvios etílicos? Mergulhe mais voluptuosamente ainda na selvageria e invoque... os macacos. A primatóloga Melissa Hines entregou brinquedos humanos a jovens macacos-verdes: brinquedos de menina (bonecas), de menino (carrinhos) e neutros (livros ilustrados). Os macaquinhos-verdes brincaram sobretudo com os carrinhos, as macaquinhas, com as bonecas, e uns e outros se entretiveram com os livros ilustrados...

Se o chamarem de primata, seja conciliador e formule: "Ninguém nasce animal, torna-se um" ou: "Tudo é cultural". No fundo, você não seria do gênero hipócrita?

O CAFÉ E O DIGESTIVO

TUDO É CARNE

Quando a conversa morre, a noite se eterniza e as boas idéias se esgotam, somos obrigados a recorrer ao sólido. E a carne continua imbatível. Há pelo menos sessenta anos, causa sempre seu efeitozinho de filosofia ligeiramente erotizada. Esqueçamos o corpo, noção caduca onipresente e transformada em vulgar objeto de marketing. Já a carne... ora, a carne é ao mesmo tempo milagrosamente mais sensual e espiritual. Você já deve ter observado o efeito mágico da estúpida expressão "quase carnal"... Esse livro, esse filme, essa música são "quase carnais". Não bisonhamente "místicos" ou laconicamente "filosóficos"; não, um sopro de vida envolve de repente o desejo, o gozo e o sofrimento.

"Tudo é carne", afirmará então, lânguido, o guia intelectual do jantar, "e não apenas nossos corpos. Em grego, *sarx*, *sarkos* dá origem a 'encarnado' e 'encarniçado'. A carne é uma dimensão, não uma coisa. Essa noção fascinou toda uma corrente da fenomenologia. Na França, foi Merleau-Ponty, inspirado no pai fundador alemão Edmund Husserl, quem lançou a moda carne. Em seus últimos escritos, em especial no *cult* *O visível e o invisível*, ele convida o leitor tolerante à divertida experiência da auto-afecção. Acaricie sua mão esquerda com sua mão direita: você ao mesmo tempo toca e é tocado. Com efeito, o objeto que você toca é específico, uma vez que é uma parte de seu próprio corpo que toca as coisas. Logo, sua mão esquerda é simultaneamente instrumento perceptivo de conhecimento do mundo e objeto do mundo. Concentre sua atenção no fato de tocar, depois no do ser. Que acontece? Você é bruscamente mergulhado numa experiência anterior à distinção sujeito/objeto, que fundamenta o dualismo filosófico. Essa pré-história do real dilui as velhas noções de corpo e espírito. E, o principal, você compreende que seu corpo é ao mesmo tempo o veículo que o põe em contato com o mundo e uma parte do próprio mundo.

"Nesse sentido, ele não apenas é corpo, mas também carne, ser comum de seu eu e do mundo. E o corpo, assim sentido por mim, se torna ele mesmo carne. Como diz o próprio Merleau-Ponty: 'A espessura do corpo, longe de rivalizar com a do mundo, é ao contrário o único meio de ir ao coração das coisas, fazendo-me mundo e as fazendo carne.'"

Os comensais acariciam as próprias mãos, o olhar vagueia.

A AVE DE MINERVA ALÇA VÔO (EFETIVAMENTE) NO CREPÚSCULO?

A formulação de Hegel veio para ficar. Pode apostar nela. Quanto mais avançarmos no século, mais será difundida. Seu sabor de epitáfio aplica-se às mil maravilhas a todas as catástrofes, ainda mais se levarmos em conta suas múltiplas interpretações. Demonstração:

Na hora do conhaque e do chá, a questão imobiliária é daquelas que reavivam a conversa adormecida como uma esguichada de álcool num churrasco moribundo: "Viu os preços na Bretanha? E não estou nem falando da beira-mar!" Ao enveredar por um meandro que fala à consciência ambiental dos que o cercam, é provável que a conversa se dirija para um aspecto contingente, porém crucial, do aquecimento global: seria de bom alvitre vender o pequeno conjugado de Courchevel antes do derretimento definitivo da neve? E, nesse caso, onde comprar, levando em conta a elevação do nível dos oceanos? Na costa irlandesa? Nos pampas da Patagônia?

Diante desse nível de consciência ecológica, sua missão

está traçada: acerte os ponteiros. Justamente, é quase meia-noite, tanto no sentido literal como no figurado. No relógio planetário, o apocalipse climático é para daqui a alguns minutos. Será este realmente o momento para preocupações imobiliárias? Seja como for, você previu a tragédia há muito tempo, adquirindo um velho chalé nas Cévennes (com a mina d'água). Deixe seu sangue dar uma volta (pouco menos de um minuto). Interpele a mesa. Atenção, não adote para isso uma voz sepulcral; nem pense em dar uma de pregador elisabetano: "Não pergunte por quem os sinos dobram, é por você." Delicadeza, que diabos, e pedagogia: "Será que estamos condenados a perceber nossos erros apenas quando já é tarde demais para repará-los? A ave de Minerva alça vôo efetivamente no crepúsculo?" Breve silêncio.

Gire lentamente o copo de conhaque nos dedos e dirija um olhar panorâmico para o plenário mudo e vagamente interessado. Sorria e desenvolva: "Todo ornitólogo sabe que a corujinha (*Athene noctua*, em homenagem a Palas-Atena, deusa da sabedoria, que virou Minerva para os romanos) é diurna. O dia inteiro, empoleirada lá no alto, ela vigia sua reserva de camundongos como um cafetão sua calçada. Esta é precisamente, dirão os senhores, uma metáfora da metáfora." Menos! "Quando escreve essa frase no prefácio de seus *Princípios da filosofia do direito*, Hegel sugere que a leitura filosófica da história é exclusivamente retrospectiva, que a filosofia chega sempre tarde demais. Mas ele próprio não se priva do oposto! Numa carta de abril de 1914 a seu amigo Niethammer, ele comenta a autodestruição de Napoleão: 'Aliás, posso me gabar de ter previsto tudo isso.' A ave de Minerva, insista, não está condenada à noite: cabe a nós fazer com que alce vôo, digamos, de tardinha. E, em vez de nos preocupar com um eventual *crack* imobiliário, tenhamos a sabedoria de nos preocupar com um *crack* da natureza."

Agora que esfriou seus interlocutores com o aquecimento global, imprima um novo ritmo. Dê a entender, como bom filósofo, que você é uma criatura da noite, um *nightclubber* inveterado com lugar cativo nas boates mais seletas. No fundo, uma corujinha.

MONTAIGNE MORA NA MINHA CABECEIRA

Ele gosta de se dar ares de castelão parisiense. De veludo cotelê dos pés à cabeça, esse honesto homem à moda antiga detesta as sofisticações da filosofia contemporânea e posa de sábio. Sentindo-se abismado diante de conversa tão mundana, desembainha a frasezinha íntima e definitiva, a profissão de fé de que ninguém se atreve a zombar: "Montaigne mora na minha cabeceira." Então o imaginamos, depois de escovar os dentes, num momento de insônia, com as mãos num velho tomo desgastado, sem a caixinha (ele sempre tira a caixinha dos seus volumes da Pléiade para deixá-los respirar), páginas amarelecidas. Lê algumas frases dos *Ensaios*, tipo "não temos comunicação com o ser, porque toda natureza humana está sempre entre o nascer e o morrer" ou "não vamos; somos levados, assim como as coisas que bóiam, ora suavemente, ora com violência, conforme a água esteja iracunda ou benevolente". Fecha os olhos saboreando o *fumet* da língua do século XVI e meditando acerca da vaidade humana. E dorme com um sorriso nos lábios.

Despreza anfitriões parisienses e antenados cosmopolitas. Gosta do autêntico, do ensopadinho com geléia de pato no vidro, do vinho de domínio, dos concursos de miss e do domingo de Páscoa. É provinciano, regionalista, careta, e vive bem assim. Não devora o último Sloterdjik ou o próximo Agamben. Lê para si, não para os outros. Não termina os livros, convive com eles. Enfim, com os bons. O melhor vem de Bordeaux. Envelhece bem. É degustado em pequenos goles. É Montaigne, o tal que mora na mesinha-de-cabeceira.

Letrado mas não pretensioso, conservador mas curioso, racional mas amigo dos prazeres, medalhão e tolerante, fiel na amizade, Montaigne é exatamente como ele. Um homem ao natural, que não procura esconder nem suas fraquezas nem suas paixões. Em pleno século XVI, nutrido por autores clássicos, Montaigne busca humildemente a verdade entre epicurismo, estoicismo e ceticismo. Não teme a contradição, pois seu pensamento avança com dificuldade. Tenta conhecer a si mesmo. Mas prefere o ensaio ao tratado: "Eu não ensino nada, eu narro." E que descobre ele ao longo das reflexões e citações latinas? A relatividade de todas as coisas, a ilusão filosófica do conhecimento absoluto. "Abra seu Montaigne ao acaso, nele você encontrará, pouco tempo depois da Reforma protestante e da descoberta da América, a constatação da relatividade dos costumes, o desencanto diante das questões religiosas, o ódio ao etnocentrismo e ao fanatismo. No capítulo mais filosófico do livro, a famosa 'Apologia de Raymond Sebond', Montaigne demonstra em definitivo a impossibilidade do conhecimento; que não há por que nos julgarmos superiores sequer aos animais. O homem? 'Temos que o deixar em mangas de camisa', despojá-lo de todas as suas pretensões: 'é um assunto maravilhosamente vão, variegado e flutuante o homem. Desaconselha-se ver nele juízo constante e uniforme.' Essa ignorância e essa modéstia são irônicas e vivas, risonhas, respeitosas. Proporcionam mais felicidade que a irrequieta e insaciável busca do conhecimento."

Ele fez a digressão. Falta convencer. Demonstra então que Montaigne é mais moderno que todos os autores "hype" juntos. Como um sampleador que mixasse e remixasse as citações gregas e latinas extraídas do milhar de livros de sua biblioteca, costura uma a uma, realizando uma erudita montagem para renovar o velho, para misturar severidade estóica e sabedoria epicurista, por exemplo. Mas Montaigne não é só isso: é o melhor autor de livros de listas, atividade tão *cult* nos dias de hoje. Adora as compilações estúpidas, como uma lista de mortes causadas por alegria, uma lista de peripécias sobre equitação etc. Para o francês do século XVI, além do mais, é a última moda. Como se não bastasse, na hora de dormir, à guisa de aperitivo para os sonhos, nada melhor que a história do homem que faz tudo com os pés ou a do elefante apaixonado por uma rapariga e que lhe oferece frutas com a tromba. Se lhe perguntam por que a ama tanto, ele repete a resposta de Montaigne a propósito de seu amigo La Boétie: "Porque era ele, porque era eu." Montaigne é seu amigo íntimo. Não precisa de mais ninguém e faz questão de o declarar. Não será novamente convidado.

ACENDAM AS LUZES!

É a hora do fastio. O café foi tomado, o conhaque, bebericado, e a conversa se extingue suavemente na lareira. Mas o filósofo de plantão não sente vontade alguma de ir embora e procura um pretexto. É a hora escolhida por ele para lançar o grito de guerra da filomoda: "Acendam as Luzes!" Os convidados ainda vivos despertam de seu sono dogmático e o fitam com estupor: nenhum apagão. Os ignaros não compreenderam seu grito de alarme nem perceberam a maiúscula em "Luzes". Ele não é Diógenes, que passeava com uma lamparina em pleno dia; não perdeu a visão nem a razão de uma hora para outra. Ao contrário, os outros é que enlouqueceram. "Quem?", você lhe pergunta com uma solicitude fingida. Quem? Mas os novos obscurantistas, os que todo dia sepultam o melhor do espírito francês, os que continuam a proclamar: 'É culpa de Voltaire', os antiiluministas. Para começar, evoca Dieudonné, que insinua os nomes de Montesquieu e Rousseau em seus esquetes depois de truncar e desvirtuar suas citações sobre os negros. A platéia agora está bem desperta e com sentimento de culpa por ter cochilado em hora tão grave para a França. Em seguida, ele ataca Régis Debray, que ousa voltar a questionar a herança do Iluminismo para melhor impingir sua conversão ao cristianismo. Lembra os grandes duelos, como o famoso encontro de Davos, no qual em 1929 se opuseram os dois mais célebres filósofos alemães: Ernst Cassirer, partidário do espírito tolerante e cosmopolita do século XVIII, enfrentou Martin Heidegger, apóstolo de uma nova ontologia fundada no retraimento do ser, longe das tediosas planícies da racionalidade ocidental triunfante.

O Iluminismo, em toda a Europa, deu origem a um ideal de racionalidade crítica dos obscurantismos religiosos e despotismos selvagens, um projeto educativo que visava tirar o homem, como diz Immanuel Kant, "do estado de minoria pelo qual ele mesmo é o responsável". Caso o público boceje, o filósofo berrará ainda mais alto: "*Sapere aude*!", "Ousa saber!", palavra de ordem lançada pelo mesmo Kant. Essa promessa de alforria dos espíritos pela instrução e pela inteligência corre perigo. O romantismo, partidário de um enraizamento no espírito nacional e na alma dos povos, atirou a primeira pedra. O irracionalismo do período entreguerras preferiu a fantasia das forças obscuras ao ideal de autonomia. E eis que alguns fanáticos aterrorizam os espíritos independentes. Socorro, Voltaire! No fundo, os poderes da superstição devem ser mais temidos que os da razão. A vitória da liberdade de não acreditar nunca deixará de ser questionada pelas forças do obscurantismo. As Luzes foram européias. Elas iluminam o único projeto político de envergadura do século vindouro. O filósofo será desculpado por ter abusado da *armagnac*. A racionalidade embriaga mais rapidamente do que parece. Exija dele mais uma citação de Voltaire. E todo mundo para a cama.

BIBLIOGRAFIA

Ateneu, *Les Deipnosophistes [Os deipnosofistas]*, Paris, Les Bel les Lettres, 2003.

Aubert, Nicole (sob a direção de). *L'Individu hypermoderne*, Paris, Érès, 2004.

Bataille, Georges. *A literatura e o mal*, Porto Alegre, L&PM, 1989; O erotismo, Arx, 2004.

Benjamin, Walter, "Paris, capital do século XIX", in Flavio R. Kothe (org.), *Walter Benjamin: sociologia*, São Paulo, Ática, 2ª ed., 1991.

Butler, Judith. *Problemas de gênero*, Rio de Janeiro, Civilização Brasileira, 2004.

Descartes, René. *O discurso do método*, São, Paulo, Martins Fontes, 2007.

Dumont, Jean-Paul, Delattre, Daniel, e Poirier, Jean-Louis. *Les Écoles présocratiques*, Paris, Gallimard, 1991.

Epicteto. *A arte de viver*, Rio de Janeiro, gmt, 2006.

Epicuro. *Epicuro*, in *Os Pensadores*, São Paulo, Abril Cultural, 3ª ed., 1987.

Espinosa, Baruch. *Ética*, Belo Horizonte, Autêntica, 2007.

Gauchet, Marcel. *Le Désenchantement du monde*, Paris, Gallimard, 2005.

Kant, Immanuel. "O que é o Iluminismo?", in *Os Pensadores*, São Paulo, Abril Cultural, 3ª ed., 1987.

Levinas, Emmnauel. *Éthique et Infini*, Paris, Le Livre de Poche, 1984.
Lipovetsky, Gilles, e Charles, Sébastien. *Os tempos hipermodernos*, São Paulo, Barcarolla, 2004.
Merleau-Ponty, Maurice. *O visível e o invisível*, São Paulo, Perspectiva, 2003.
Montaigne, Michel de. *Ensaios*, São Paulo, Martins Fontes, 3 vols., 2000-2.
Nef, Frédéric. *Qu'est-ce que la métaphysique?*, Paris, Gallimard, 2004.
Plath, Sylvia. *Ariel, Campinas, Verus*, 2007.
Platão. *O banquete*, Rio de Janeiro, Difel, 4ª ed., 2006.
Schmitt, Carl. *O conceito do político*, Petrópolis, Vozes, 1992.
Swift, Jonathan. *A Letter of Advice to a Young Poet, in The Prose Writing*, Oxford, Blackwell, 1989.
Tocqueville, Alexis de. *A democracia na América*, São Paulo, Martins Fontes, 2000.
Weber, Max. *A ética protestante e o espírito do capitalismo*, São Paulo, Companhia das Letras, 2004.
Yashvili-McGregor Jr., Marcello. *Ontologia do acaso*, Editora Universitária de Rostov, 1979.